Der Priestergott Hönir

Seelenvogel und Jenseitsreisender
Bruder des Odin und des Loki

Band 18 der Reihe „Die Götter der Germanen"

Bücher von Harry Eilenstein:

- Astrologie (496 S.)
- Photo-Astrologie (64 S.)
- Tarot (104 S.)
- Handbuch für Zauberlehrlinge (408 S.)
- Physik und Magie (184 S.)
- Der Lebenskraftkörper (230 S.)
- Die Chakren (100 S.)
- Meditation (140 S.)
- Drachenfeuer (124 S.)
- Krafttiere – Tiergöttinnen – Tiertänze (112 S.)
- Schwitzhütten (524 S.)
- Totempfähle (440 S.)
- Muttergöttin und Schamanen (168 S.)
- Göbekli Tepe (472 S.)
- Hathor und Re:
    - Band 1: Götter und Mythen im Alten Ägypten (432 S.)
    - Band 2: Die altägyptische Religion – Ursprünge, Kult und Magie (396 S.)
- Isis (508 S.)
- Die Entwicklung der indogermanischen Religionen (700 S.)
- Wurzeln und Zweige der indogermanischen Religion (224 S.)
- Der Kessel von Gundestrup (220 S.)
- Cernunnos (690 S.)
- Christus (60 S.)
- Odin (300 S.)
- Die Götter der Germanen (Band 1 – 80)
- Dakini (80 S.)
- Kursus der praktischen Kabbala (150 S.)
- Eltern der Erde (450 S.)
- Blüten des Lebensbaumes:
    - Band 1: Die Struktur des kabbalistischen Lebensbaumes (370 S.)
    - Band 2: Der kabbalistische Lebensbaum als Forschungshilfsmittel (580 S.)
    - Band 3: Der kabbalistische Lebensbaum als spirituelle Landkarte (520 S.)
- Über die Freude (100 S.)
- Das Geheimnis des inneren Friedens (252 S.)
- Von innerer Fülle zu äußerem Gedeihen (52 S.)
- Das Beziehungsmandala (52 S.)
- Die Symbolik der Krankheiten (76 S.)

Kontakt: www.HarryEilenstein.de / Harry.Eilenstein@web.de
Impressum: Copyright: 2011 by Harry Eilenstein – Alle Rechte, insbesondere auch das der Übersetzung, vorbehalten. Kein Teil des Buches darf ohne schriftliche Genehmigung des Autors und des Verlages (nicht als Fotokopie, Mikrofilm, auf elektronischen Datenträgern oder im Internet) reproduziert, übersetzt, gespeichert oder verbreitet werden.
Herstellung und Verlag: BoD - Books on Demand, Norderstedt
ISBN: 9783741284335

1. Die Entwicklung der germanischen Religion
2. Lexikon der germanischen Religion

3. Der ursprüngliche Göttervater Tyr
4. Tyr in der Unterwelt: der Schmied Wieland
5. Tyr in der Unterwelt: der Riesenkönig   Teil 1
6. Tyr in der Unterwelt: der Riesenkönig   Teil 2
7. Tyr in der Unterwelt: der Zwergenkönig
8. Der Himmelswächter Heimdall
9. Der Sommergott Baldur
10. Der Meeresgott: Ägir, Hler und Njörd
11. Der Eibengott Ullr
12. Die Zwillingsgötter Alcis
13. Der neue Göttervater Odin   Teil 1
14. Der neue Göttervater Odin   Teil 2
15. Der Fruchtbarkeitsgott Freyr
16. Der Chaos-Gott Loki
17. Der Donnergott Thor
18. Der Priestergott Hönir
19. Die Göttersöhne
20. Die unbekannteren Götter
21. Die Göttermutter Frigg
22. Die Liebesgöttin: Freya und Menglöd
23. Die Erdgöttinnen
24. Die Korngöttin Sif
25. Die Apfel-Göttin Idun
26. Die Hügelgrab-Jenseitsgöttin Hel
27. Die Meeres-Jenseitsgöttin Ran
28. Die unbekannteren Jenseitsgöttinnen
29. Die unbekannteren Göttinnen
30. Die Nornen
31. Die Walküren
32. Die Zwerge
33. Der Urriese Ymir
34. Die Riesen
35. Die Riesinnen
36. Mythologische Wesen
37. Mythologische Priester und Priesterinnen
38. Sigurd/Siegfried
39. Helden und Göttersöhne

40. Die Symbolik der Vögel und Insekten
41. Die Symbolik der Schlangen, Drachen und Ungeheuer
42. Die Symbolik der Herdentiere
43. Die Symbolik der Raubtiere
44. Die Symbolik der Wassertiere und sonstigen Tiere
45. Die Symbolik der Pflanzen
46. Die Symbolik der Farben
47. Die Symbolik der Zahlen
48. Die Symbolik von Sonne, Mond und Sternen
49. Das Jenseits
50. Seelenvogel, Utiseta und Einweihung
51. Wiederzeugung und Wiedergeburt
52. Elemente der Kosmologie
53. Der Weltenbaum
54. Die Symbolik der Himmelsrichtungen und der Jahreszeiten
55. Mythologische Motive

56. Der Tempel
57. Die Einrichtung des Tempels
58. Priesterin – Seherin – Zauberin – Hexe
59. Priester – Seher – Zauberer
60. Rituelle Kleidung und Schmuck
61. Skalden und Skaldinnen
62 Kriegerinnen und Ekstase-Krieger

63. Die Symbolik der Körperteile
64. Magie und Ritual
65. Gestaltwandlungen
66. Magische Waffen
67. Magische Werkzeuge und Gegenstände
68. Zaubersprüche
69. Göttermet
70. Zaubertränke
71. Träume, Omen und Orakel
72. Runen
73. Sozial-religiöse Rituale

74. Weisheiten und Sprichworte
75. Kenningar
76. Rätsel

77. Die vollständige Edda des Snorri Sturluson
78. Frühe Skaldenlieder
79. Mythologische Sagas

80. Hymnen an die germanischen Götter

Inhaltsverzeichnis

I Hönir in der germanischen Überlieferung — 5

- I 1. Der Name „Hönir" — 5
- I 2. Die Vision der Seherin — 7
- I 3. Das andere Lied von Sigurd dem Fafnirstöter — 10
- I 4. Völsungensaga — 11
- I 5. Huldar-Saga — 11
- I 6. Gylfis Vision (1) — 11
- I 7. Heimskringla — 12
- I 8. Skaldskaparmal (1) — 12
- I 9. Skaldskaparmal (2) — 13
- I 10. Haustlöng — 14
- I 11. Die Vision der Seherin — 20
- I 12. Skaldskaparmal (3) — 20
- I 13. Gylfis Vision (2) — 22
- I 14. Ynglingatal — 22
- I 15. Skaldskaparmal (4) — 25
- I 16. Sögubrot af nokkrum fornkonungum — 25
- I 17. Lokka Tattur — 30
- I 18. Zusammenfassung — 39

II Hönir in der früheren germanischen Religion — 41
III Hönir in der indogermanischen Überlieferung — 43
IV Hönir in der jungsteinzeitlichen Überlieferung — 43
V Die Biographie des Gottes Hönir — 43
VI Das Aussehen des Hönir — 44
VII Der Weg zu Hönir — 46
VIII Hymnen an Hönir — 47

- Bitte um Heilung — 47
- Bitte, ein Priester werden zu dürfen — 48
- Odin, Hönir und Loki — 52
- Priester-Streit — 57

IX Traumreise zu Hönir — 63
X Hönir heute — 66

Themen-Verzeichnis — 67

I Hönir in der germanischen Überlieferung

Hönir ist zwar einer der unbekannteren, aber trotzdem einer der wichtigen Götter, da er eine wesentliche Funktion im Leben der Germanen verkörpert.

I 1. Der Name „Hönir"

Der Name „Hönir" lautete im Altnordischen „Huhnijaz" und bedeutete „Huhn" („höna") oder „Hahn" („hani"). Diese Form ist aus dem germanischen „Honam" für „Huhn" und „Hanon, Hanan" für Hahn entstanden. Der Name des Hahnes leitet sich von dem indogermanischen „cano" für „singen" ab – der Hahn ist also als der „Sänger" benannt worden.

Dies bedeutet, daß Hönir möglicherweise nicht direkt nach dem Hahn benannt worden ist, sondern daß sowohl dieser Gott als auch der Vogel aufgrund ihrer Stimme bzw. ihrer Tätigkeit als „Sänger" bezeichnet worden sind. Daraus ergibt sich allerdings eine enge Assoziation zwischen Hönir und den Hähnen.

Der Sänger ist eine gut bekannte Funktion der indogermanischen Priester, die zugleich Schamane, Priester, Gelehrte, Historiker, Richter, Arzt und noch einiges ähnliches mehr waren. Zu dieser „sprituellen Gelehrten-Funktion" gehörte auch das Vortragen von religiösen und historischen Texten, die auswendig gelernt wurden. Es gab zwar eigene Bezeichnungen für diese Sänger, aber sie entwickelten sich erst sehr spät zu einem eigenständigen Beruf – sie bildeten einen Tätigkeitsaspekt der „Weisen".

Bei den Germanen wurden diese Sänger „Skalden" genannt, bei den Kelten „Barden", bei den Griechen „Rhapsoden", bei den Indern „Udgatr" und „Hotra" usw. Aufgrund der Bedeutung des Namens des Gottes Hönir läßt sich daher vermuten, daß er die Funktion des Sängers und somit des „spirituellen Weisen" verkörperte.

Der Hahn sitzt in den Mythen der Germanen häufig auf dem Weltenbaum. Ein Vogel auf dem Weltenbaum ist mit großer Sicherheit ein Seelenvogel, d.h. eine Seele in der Gestalt eines Vogels.

Der Seelenvogel ist ein universelles Bild, das daraus entstanden ist, daß man bei einem Nahtod sich selber als über dem eigenen materiellen Körper schwebend erlebt, d.h. daß man sich selber von oben her sehen kann. Dieses Erlebnis ist vermutlich die Ursache für die Vorstellung, daß es eine Seele gibt, und auch eine der wichtigsten Wurzeln für die Entstehung von Religion allgemein gewesen – denn dieses Erlebnis zeigt, daß es mehr als nur die materielle Welt gibt.

Der Gott Hönir ist somit auch mit der Seele assoziiert. Dies ist auch schon von seiner Auffassung als Urbild des „spirituellen Weisen" naheliegend, da der Ursprung und der Kern aller Priester der Schamane ist, dessen wichtigste Tätigkeit, das Begleiten der Seelen der Verstorbenen ins Jenseits und das Herbeiholen von Rat und Hilfe von den Seelen der Ahnen im Jenseits ist.

Auf dem Weltenbaum findet sich in den Mythen der Germanen und anderer indogermanischer Völker auch der Adler, der als der stärkste Vogel der Seelenvogel des Sonnengott-Göttervaters (Tyr) gewesen ist. Auch der Hahn sitzt in den Liedern und Mythen, die in der Edda berichtet werden, stets auf dem Weltenbaum (Yggdrasil, Mimameid).

Diese Seelen-Symbolik des Hahnes findet sich auch in den Ritualen der Germanen. Der arabische Forschungsreisende berichtet um 922 n.Chr. über die Bestattung eines Fürsten, in dessen Verlauf die Dienerin, die später getötet und mit ihm zusammen verbrannt wird, einem Küken den Kopf abschneidet und später ein Huhn nimmt und es auf das Schiff wirft, auf dem der Fürst bestattet wird. Eine ähnliche Szene findet sich bei Saxo grammaticus in seiner „Geschichte der Dänen", in der die Begleiterin des Königs Haddingus in der Unterwelt einen Hahn köpft und ihn und seinen Kopf über die Grenzmauer des Reiches der Hel wirft, wo er dann wieder lebendig wird und zu singen beginnt.

Die Deutung des Namens „Hönir" als „Sänger" und als „Hahn" fallen in dem Motiv des am Morgen krähenden Hahnes zusammen: Der Hahn kann die Seele des Sonnengott-Göttervaters Tyr sein und er kann der Priester sein, der mit seinem Gesang die Morgensonne begrüßt.

Es wäre auch eine Herleitung des Namens „Hönir" von dem indogermanischen Adjektiv „keuk" für „leuchtend, weiß" denkbar. Auch mit diesem Wort ist die Seele assoziiert worden, da der Schwan, der als der „Weiße" benannt worden ist, das wichtigste Bild der Indogermanen für die Seele gewesen ist.

Im Griechischen lautet der Name des Schwanes „Kyknos" und im litauischen heißen die Seelen der Verstorbenen „Kaukas".

Hier fügt sich ein weiteres Erlebnis zu der Symbolik hinzu: Wenn man beginnt, hellsichtig Geister oder allgemein die Lebenskraft wahrzunehmen, erscheint sie als ein milchigweißes Leuchten mit einem leichten Blauschimmer. Deshalb werden auch die Geister der Toten als „Bettlaken-Gespenster", die man aufgrund ihres Leuchtens auch im Dunkeln wahrnehmen kann, dargestellt. In den indianischen Kulturen wird dieses Leuchten als „leuchtender Rauch" beschrieben. Daher heißt der aztekische Gott der Hellsichtigkeit und der Wahrsagung „Rauchender Spiegel".

In den Mythen der Germanen spiegelt sich dieses grundlegende spirituelle Erlebnis in dem Namen „Alfen" für die Totengeister wider, denn dieser Name bedeutet „die Weißen" im Sinne von „die Leuchtenden" (lateinisch „alba").

Die beiden bekanntesten „Schwanenseelen" sind vermutlich der griechische Göttervater Zeus als Schwan bei seiner Vereinigung mit Leda und die germanischen

Walküren, die sich in Schwäne verwandeln konnten.

Der ursprüngliche Göttervater der Germanen ist Tyr gewesen. Sein Name leitet sich wie der des Zeus, des Jupiter und vieler anderer Göttervater der indogermanischen Völker von dem ursprünglichen Namen „Dhyaus" ab. Daher könnte dem „Zeus kykneios", also dem „schwanengestaltigen Zeus" der Griechen, ein „Tiuz hihnijaz" bei den Germanen entsprochen haben, also ein „hahngestaltiger Tyr".

Der Gott Hönir ist somit recht sicher nach dem Seelenvogel und nach der Tätigkeit des Singens im Ritual benannt worden. Ob nun die Herleitung von dem „Sänger" und dem ebenfalls singenden „Hahn" zutreffend ist oder die Herleitung von „Schwan", ist letztlich nicht besonders wichtig, da alle drei Deutungen zu fast genau demselben Ergebnis führen.

I 2. Die Vision der Seherin

In diesem zentralen Lied, das die Mythen der Germanen in einem großen Entwicklungsbogen zusammenfaßt, erscheint Hönir als einer der drei Erschaffer der Menschen.

Gingen da dreie aus dieser Versammlung,
Mächtige, milde Asen zumal,
Fanden am Ufer unmächtig
Ask und Embla und ohne Bestimmung.

Besaßen nicht Seele, und Sinn noch nicht,
Nicht Blut noch Bewegung, noch blühende Farbe.
Seele gab Odin, Hönir gab Sinn,
Blut gab Lodur und blühende Farbe.

Die drei Asen Odin, Hönir und Lodur fanden am Ufer Ask und Embla, d.h. eine Esche und eine Ulme oder Ranke. Das Ufer könnte darauf hinweisen, daß die beiden Stämme dort als Treibholz angespült worden sind. Da das Jenseits als eine Wasserunterwelt bzw. eine Welt jenseits des Wassers (Quelle, Meer, Fluß, Insel) angesehen wurde, würde diese Lage der beiden Stämme auch bedeuten, daß sie aus dem Jenseits gekommen sind.

Eine weitere Assoziation könnten die Kulthölzer gewesen sein, die die Germanen an Seen, also an Toren zum Jenseits aufstellten und die sehr einfache Statuen der Götter darstellten.

Die Reise eines Menschen vom Jenseits ins Diesseits war den Germanen keineswegs unbekannt: In der Völsungen-Saga senden Frigg und Odin der Frau des Königs Rerir einen magischen Apfel, nach dessen Verspeisen sie endlich schwanger wird. In den Helga-Liedern wird berichtet, daß sich der Held Helgi (Tyr) und seine Frau, die eine Walküre ist, mehrfach reinkarniert haben.

Die beiden Baumstämme werden in den Versen als ohnmächtig, d.h. als leblos beschrieben. Dieses Leben wird ihnen dann von den drei Göttern eingefügt, sodaß sie zu zwei lebendigen Menschen werden. Die drei Götter scheinen somit im Wesentlichen das Leben selber zu verkörpern.

Diese Dreiheit von Göttern tritt in den Mythen und Sagen der Germanen des öfteren auf, sodaß man davon ausgehen kann, daß sie ein wesentliches Element der damaligen Weltanschauung gewesen ist. Diese Dreiheit stellt unter anderem die drei Stände der Fürsten und Krieger, der Priester und Heiler sowie der Bauern und Handwerker dar. Die wichtigsten Varianten dieser Dreiheit sind:

	die drei Brüder							
Stand	*Rigr*	*Asen*				*Wielandsage*	*Siegfriedsage*	*Gesta Danorum*	*Märchen*
Krieger Fürsten	Jarl	Woden	Odin	Helblindi	Hler	Egil	Fafnir	Odin als Krieger	Bogenschütze
Priester Heiler		We	Hönir	Byleist	Kari	Slagfid	Oter	Odin als Heiler	Heiler
Bauern Handwerker	Karl	Wili	Loki	Loki	Logi	Völund	Regin	Odin als Schmied	Schmied
Sklaven	Thräl								

Aus dieser Übersicht ergibt sich, daß der Gott „Lodur" in den Versen der „Vision der Seherin" der Gott Loki ist.

Die zweite Strophe beschreibt, welche Gaben welcher der Götter den beiden ersten Menschen gibt:

Besaßen nicht Seele, und Sinn noch nicht,
Nicht Blut noch Bewegung, noch blühende Farbe.
Seele gab Odin, Hönir gab Sinn,

Blut gab Lodur und blühende Farbe.

In den beiden ersten Zeilen werden fünf Gaben, die in drei Gruppen zusammengefaßt werden, aufgezählt: Seele und Sinn (Wahrnehmung), Blut und Bewegung, sowie blühende Farbe.

In den beiden letzten Zeilen werden drei Gaben den drei Göttern zugeordnet. Diese drei Gaben werden mit den fünf Gaben in den ersten beiden Zeilen identisch sein, da dort dasselbe wie in den beiden letzten Zeilen beschrieben wird. Da die Seele und der Sinn in der dritten Zeile als die Gaben des Odin und des Hönir erscheinen, müssen die drei übrigen zu Lodur/Loki gehören:

\multicolumn{4}{c}{**Die Gaben der Götter**}			
Gott	*Gabe in Zeile 1 + 2*	*Gabe in Zeile 3 + 4*	*Gabe*
Odin	Seele	Seele	Seele
Hönir	Sinn	Sinn	Sinn
Lodur	Blut, Bewegung, blühende Farbe	Blut, blühende Farbe	Lebenskraft

Zu dem Schamanengott Odin gehört die Seele, die von ihm beim Tod vom Diesseits in das Jenseits begleitet wird und daher auch von ihm bei der Geburt bzw. der Erschaffung der Menschen aus dem dem Jenseits in das Diesseits geholt wird. Diese Funktion hat er auch in der Völsungen-Saga, in der er die Seele des Königs Völsung in der Gestalt eines Apfels zu dessen Mutter, der Frau des Königs Rerir, sendet.

Lodur/Loki ist offenbar die Lebenskraft, aus der sich die Bewegung des Körpers und seine blühende Farbe ergibt. Diese Lebenskraft wird von dem warmen Blut im ganzen Körper verteilt.

Hönir ist schließlich der Gott, der den Menschen die Fähigkeit der Sinneswahrnehmungen schenkt. Dies ist für einen Priester-Schamanen eine durchaus passende Gabe, da es seine Aufgabe ist, die Götter, Ahnen und die Lebenskraft wahrzunehmen, mit ihnen zu sprechen und auch zu lenken. Ein Priester-Schamane, bei dem die Wahrnehmung im Vordergrund steht, ist offenbar ein Seher und ein Magier. Die Seherfunktion ist bei dem Priesterstand der Indogermanen das deutlichste aller Merkmale. Sie ist eng mit der Jenseitsreise, also der Wahrnehmung der Wesen im Jenseits verbunden.

Diese Fähigkeit wird von den Sehern dadurch erlangt, daß sie durch ein Nahtod-Erlebnis und durch anschließende Übung gelernt haben, ihren Körper willentlich zu verlassen und als Seele in das Jenseits zu reisen („Astralreise").

Die Wahrnehmungs-Funktion des Priesters (Hönir) ist recht eng mit der Seelenbegleiter-Funktion (Odin) verbunden, auch wenn beides nicht dasselbe ist. Sowohl Odin als auch Hönir sind letztlich Schamanen, aber während bei Hönir mehr die Wahrnehmung des Sehers betont ist, ist Odin eher der handelnde Magier. Hönir ist eher passiv und Odin eher aktiv. Odin verkörpert auch die Impulse der Seele, während Hönir die Verbindung zur Welt darstellt. Loki ist die Lebenskraft selber, die in allem fließt.

Die Gabe des Hönir heißt im Originaltext „od" und konnte auch „odr" und „ott" geschrieben werden. Es fällt auf, daß sich von diesem Wort unter anderem auch der Name „Odin" ableitet. Odin als Mann der Freya wird sogar „Odr" genannt.

Das Wort bedeutet zum einen „verrückt, rasend", d.h. „in einem besonderen Bewußtseinszustand", und zum anderen „wutentbrannt, nachdrücklich, begierig". Die erste Bedeutung bezeichnet den ursprünglichen Ekstasezustand der Schamanen und die zweite bezeichnet die Kampfekstase, zu der die Schamanen der West-Indogermanen ihre Ekstase weiterentwickelt haben.

Als Substantiv ist „odr" zum einen der Geist und das Fühlen und zum anderen das Lied und die Dichtkunst. Die erste Bedeutung hängt damit zusammen, daß der Schamane in seiner Ekstase den Seelen der Ahnen begegnet, während die zweite Bedeutung durch die Übertragung der Symbolik des Göttermets, der als die Ursache der Schamanen-Ekstase angesehen wurde, auf die dichterische Inspiration entstanden ist.

Der Charakter des Odin und des Hönir liegen somit recht nahe beieinander: Beide sind von ihrem Ursprung her Schamanen. Odin unterscheidet sich jedoch von Hönir dadurch, daß sich bei ihm die Schamanen-Ekstase in die Kampfekstase der Berserker und Ulfhedinn verwandelt hat, während Hönir eine rein spirituell-religiöse Funktion behalten hat.

I 3. Das andere Lied von Sigurd dem Fafnirstöter

In diesem Lied sind die drei Götter Odin, Hönir und Loki auf Wanderschaft. Der Hauptakteur ist Loki – über Hönir wird nur gesagt, daß er dabei war.
Andvari ist der ehemalige Sonnengott-Göttervater Tyr als Zwerg im Jenseits.

Regin erzählte dem Sigurd von seinen Voreltern und den Abenteuern, wie Odin, Hönir und Loki einst zu Andwaris Wasserfall kamen.

I 4. Völsungensaga

Dasselbe wird auch in der Völsungen-Saga berichtet:

Und so kam es, daß Odin, Loki und Hönir, als sie auf ihrem Weg dahingingen, zu Andwaris Wasserfall gelangten.

I 5. Huldar-Saga

In dieser Saga ist aus den drei Göttern Odin, Hönir und Loki der König Odin mit seinen beiden Gefolgsleuten Hönir und Loki geworden.

Viele Jahre zuvor war es aber geschehen, daß König Odin einmal mit seinen Hof-Männern Loki und Hönir zu seiner Unterhaltung in einen Wald geritten war.

I 6. Gylfis Vision (1)

In „Gylfis Vision" steht an der Stelle des Hönir der Gott We/Ve, dessen Name „Weihender", d.h. „Priester" bedeutet. Dies bestätigt die Auffassung des Hönir als „Priester-Ase".

„Der vermählte sich mit Bestla, der Tochter des Riesen Bölthorn; da gewannen sie drei Söhne: der eine hieß Odin, der andere Wili, der dritte We. Und das ist mein Glaube, daß dieser Odin und seine Brüder Himmel und Erde beherrschen."
... ...
Da sprach Gangleri: „Großes dünken sie mich vollbracht zu haben, da sie Himmel und Erde geschaffen, die Sonne und das Gestirn geordnet, und Tag und Nacht geschieden hatten; aber woher kamen die Menschen, welche die Erde bewohnen?"
Har antwortete: „Als Börs Söhne am Seestrand gingen, fanden sie zwei Bäume. Sie nahmen die Bäume und schufen Menschen daraus. Der erste gab Geist und Leben, der andere Verstand und Bewegung, der dritte Antlitz, Sprache, Gehör und Gesicht. Sie gaben ihnen auch Kleider und Namen: den Mann nannten sie Ask und die Frau Embla, und von ihnen kommt das Menschengeschlecht, welchem Midgard zur Wohnung verliehen ward."

I 7. Heimskringla

Die anschaulichste Darstellung einer Astralreise in der germanischen Überlieferung findet sich in der Beschreibung von Odins Fähigkeiten in Snorris historischem Werk „Heimskringla". Diese Astralreise ist sozusagen das Kernstück der „Berufsausübung" des Hönir.

Odin konnte seine Gestalt verwandeln: Sein Körper lag dann da als wenn er tot wäre oder schlafen würde; aber er hatte dann die Gestalt eines Fisches oder eines Wurmes oder Vogels oder irgendeines anderen Tieres und war in einem Augenblick in fernen Ländern, um dort seinen Angelegenheiten oder denen von anderen Leuten nachzugehen.
... ...
Odin hatte zwei Raben, denen er die Sprache der Menschen beigebracht hatte. Sie flogen weit über die Lande und brachten ihm Neuigkeiten. In solchen Dingen besaß er eine unübertroffene Weisheit.

Während seine Seele seinen Körper verlassen hatte, lag er wie tot da, wie dies bei den meisten Astralreisen von Schamanen und anderen Personen, diese diese Fähigkeit erlernt haben, zu beobachten ist.
Odins Verwandlung in einen Vogel bei einer solchen Reise bezieht sich auf seinen Seelenvogel, d.h. auf seine fliegende Seele. Diese Fähigkeit wurde wurde mit der Zeit zu Odins beiden Raben, die ihm Nachrichten aus aller Welt zutrugen, externalisiert und technisiert.
Der „Wurm", d.h. der Drache bzw. die Schlange, war eines der häufigsten Bilder der Germanen für die Gestalt der Jenseitsreisenden.
Der Fisch ist die Seele in der Wasserunterwelt.

I 8. Skaldskaparmal (1)

Die Erzählung „Die Niflungen und Giukungen" beginnt mit einer Wanderung von Odin, Hönir und Loki. Im weiteren Verlauf tritt Hönir allerdings nicht mehr auf, sodaß sich hieraus keine neuen Informationen über den Gott ergeben.

Es wird erzählt, daß drei der Asen ausfuhren, die Welt kennenzulernen: Odin, Loki und Hönir.

I 9. Skaldskaparmal (2)

In der Mythe über Thiazi und Idun tritt Hönir hingegen auch handelnd auf, sodaß man hier etwas über das Wesen des Gottes erfahren kann.

Er begann seine Erzählung damit, daß drei Asen auszogen, Odin, Loki und Hönir. Sie fuhren über Berge und öde Marken, wo es um ihre Kost übel bestellt war.

Als sie aber in ein Tal herabkamen, sahen sie eine Herde Ochsen; da nahmen sie einen der Ochsen und wollten ihn sieden. Und als sie glaubten, daß er gesotten wäre, und den Sud aufdeckten, war er noch ungesotten. Und zum zweitenmal, als sie den Sud wieder aufdeckten, nachdem einige Zeit vergangen war, fanden sie ihn noch ungesotten. Da sprachen sie unter sich, wovon das kommen möge.

Da hörten sie oben in der Eiche über sich sprechen, daß der, welcher dort sitze, schuld sei, daß der Sud nicht zum Sieden komme. Als sie hinschauten, saß da ein Adler, der war nicht klein.

Da sprach der Adler: „Wollt ihr gestatten, daß ich mich von dem Ochsen sättige, so soll der Sud sieden."

Das sagten sie ihm zu. Da ließ er sich vom Baum nieder, setzte sich zum Sud und nahm sogleich die zwei Lenden des Ochsen vorweg mit beiden Bugen.

Der Adler ist der verwandelte Riese Thiazi. Sein Name ist eine der vielen Varianten des ursprünglichen Sonnengott-Göttervaters der Germanen: Tyr, Tiu, Tius, Tiwaz usw. Alle diese Namen sind mit dem lateinischen „deus" für „Gott" verwandt und stammen von dem indogermanischen Namen „dhyaus" des Göttervaters ab.

Es ist folglich ursprünglich wohl der Seelenvogel des Göttervaters selber gewesen, der sich auf den Baum setzte, unter dem die drei Asen ihr Mahl bereiteten. Es besteht somit der Verdacht, daß diese Mahlzeit ein rituelles Mahl, also eine Opferung gewesen ist, das dem Göttervater Tyr bzw. seinem Adler-Seelenvogel geweiht war.

Dies erklärt auch die seltsame Macht, die der Riese Thiazi über das Sieden des Fleisches hat: Dieses Motiv wird eine Umdeutung des Brauches sein, daß zuerst der Göttervater ein Stück von dem Fleisch erhielt und erst danach die Menschen davon aßen.

Hönir erscheint hier somit als Teilnehmer an einem rituellen Mahl für den Göttervater – was gut zu einem „Priester-Gott" paßt.

I 10. Haustlöng

Der Skalde Thjodolfr von Hvinir hat um 850 n.Chr. das Lied „Herbstlang" gedichtet, dessen erste Hälfte über die Mythe von Idun und Thiazi (Tyr) berichtet. Auch diese Variante der Sage, die ca. 400 Jahre älter ist als die, die Snorri Sturluson in der Edda berichtet, beginnt mit der Wanderung der drei Götter.

Der Wolf der redegewandten Dame flog
laut lärmend nur kurze Zeit zuvor
in der Gestalt eines Alten los,
zu den Erzählern der Geschichte.

Der Adler ließ sich am Anfang dort nieder,
wo die Asen ihr Fleisch in einen Erdofen gelegt hatten.
Der Tyr des Fluchtortes der Gefion des Berges
konnte nicht der Feigheit bezichtigt werden.

Die „*redegewandte Dame*" ist Idun oder Loki. Im ersten Fall wäre der „Wolf der Idun" eine Umschreibung für „Entführer der Idun". Es wird allerdings sonst nirgendwo berichtet, daß Idun besonders redegewandt ist. Im zweiten Fall wäre die „Dame" vermutlich eine Anspielung darauf, daß Loki sich einst in eine Stute verwandelt hat, um sich mit dem Hengst Svadilfari des Reifriesen, der die Mauer rings um Asgard erbaut hatte, vereinen und anschließend Odins achtbeinigen Hengst Sleipnir gebären zu können. Der „*Wolf der Dame*" wäre dann der Riese Thiazi, der dem Loki im folgenden arg zusetzt. Von Loki ist im Gegensatz zu Idun gut bekannt, daß er redegewandt (und lügnerisch) ist. Die Deutung der „*redegewandten Dame*" als Loki ist somit wahrscheinlicher.

„*Alter*" ist eine Heiti für „Adler" – der Riese Thiazi hatte die Gestalt eines Adlers angenommen. Vielleicht entstand diese Adler-Heiti daraus, daß der Adler der Seelenvogel des Sonnengott-Göttervaters Tyr (und später seines Nachfolgers Odin) gewesen ist, der jeden Abend als „alte" Sonne starb und am Morgen wiedergeboren wurde. Da der Adler auch eine Gestalt von Tyrs Vater, dem Riesen Hymir/Hraesvelg ist, könnte es gut sein, daß der Adler nicht nur die Seele des am Abend gestorbenen Sonnengott-Göttervaters gewesen ist, sondern auch der „alte abendliche Tyr" im Gegensatz zu dem „jungen, morgendlichen Tyr".

Die „*Erzähler der Geschichte*" sind die drei Asen Odin, Hönir und Loki. Es ist bemerkenswert, daß die Skalden ihre Mythen auf die Erlebnis-Berichte der Asen zurückführten. Aus dieser Auffassung ergibt sich, daß die Skalden sich selber als die Bewahrer der Worte der Asen aufgefaßt haben müssen.

„*Gefion*" ist eine Asin. Eine „*Gefion des Berges*" ist folglich eine Riesin. Der „*Fluchtort einer Riesin*" sind die Berge. Daher ist der „*Tyr (Gott) der Berge*" ein Riese, d.h. in diesem Zusammenhang Tyr-Thiazi. Der „*Berg eines Riesen*" ist ein Hügelgrab wie z.B. der „Hnitbiorg" der Riesin Gunnlöd.

Diese Szene stimmt mit dem Beginn der Erzählung des Snorri in der Prosa-Edda überein.

„Kenning-freie Übersetzung" der Strophe: „*Thialfi war nur kurze Zeit zuvor laut lärmend in der Gestalt eines Adlers zu den Asen geflogen und ließ sich dort nieder, wo die Asen ihr Fleisch in einen Erdofen gelegt hatten. Thiazi war wirklich mutig.*"

Der teilweise unverhüllte Betrüger
verzögerte das Kochen der Götter.
Der Helm-tragende Weisheits-Geber der Haltgebenden
erklärte, daß da jemand dahinterstecke.

Die viel-weise Möwe der Wogen
der Eingeweide der Leichen-Werfer
sprach von dem uralten Baum herab.
Hönirs Freund war ihm nicht wohlgesonnen.

Der „*Betrüger*" ist Thiazi, der durch Magie das Garen des Fleisches in dem Erdofen der Götter verhinderte. Er war „*teilweise unverhüllt*", d.h. „nicht ganz unverhüllt", also „verborgen" weil er die Gestalt eines Adlers angenommen hatte.

Die „*Haltgebenden*" sind die Asen. Die übliche Übersetzung von „bönd", „höpt", „gud", „hapta" u.ä. germanischen Worten als „Fessel" statt als „Haltgebende" ist irreführend, da das Wort „Fessel" sofort das Bild eines Gefangenen hervorruft. Die Worte „höpt", „gud", „hapta" u.a. sind Heitis, d.h. Synonyme für das ursprüngliche „bönd", das zunächst einmal neutral „Band" bedeutete. Dieses Wort kann zwar eine Fessel bezeichnen, aber auch das Band, das zwei Menschen miteinander verbindet – das „Band" „bindet" nicht nur, sondern es kann auch „verbinden".

Das indogermanische Wort „bhendh", auf das das germanische „bönd" zurückgeht, bedeutet „Band", „Fessel", aber auch „Sippe, Verwandtschaft". Die Doppel-Bedeutung „Band" und „Bund" dieses Wortes findet sich in vielen indogermanischen Sprachen wieder. Der Bezeichnung der Götter als „bönd" liegt also die Vorstellung zugrunde, mit ihnen verbunden zu sein. Die Götter sind folglich die, die den Menschen Halt geben. Dies entspricht ganz dem Wort „Religion" („Rück-Verbindung"; „Rückhalt"). Etwas poetischer ausgedrückt ist das „bönd" die „Nabelschnur der Menschen zu den Göttern".

Der *„Helm-tragende Weiheits-Geber der Haltgebenden"* ist Odin, da Odin der Weisheits-Gott der Germanen und auch der Weiseste der Asen war. Es ist daher sehr passend, daß gerade Odin bemerkt, daß bei dem nicht-Kochen des Fleisches Magie im Spiel sein muß.

Die *„Leichenwerfer"* sind die Krieger. Die *„Wogen der Eingeweide der Krieger"* sind die Toten auf dem Schlachtfeld. Die *„Möwe des Schlachtfeldes"* ist ein Aasfresser, d.h. eine Krähe, ein Rabe oder auch ein Adler, wobei die „Möwe" hier gewählt wurde, weil sie zu der „Woge" in der Kenning paßt. Der hier gemeinte Vogel muß, da er *„viel-weise"* ist, jedoch ein Adler sein. Der Adler ist weise, weil er der Seelenvogel des Göttervaters Tyr-Odin ist. Die *„viel-weise Möwe der Wogen der Eingeweide der Leichenwerfer"* ist somit Thiazi in Adlergestalt.

Der *„uralte Baum"* könnte die Weltesche sein, die als Jenseitsweg auch ein plausibler Ort für das Zusammentreffen von Asen und Riesen und ebenso ein plausibler Ort für das Auftreten von Seelenvögeln ist.

„Hönirs Freund" ist Loki. Er war wütend auf den Adler, weil dieser das Garen des Fleisches verhinderte – wie auch Snorri berichtet.

„Kenning-freie Übersetzung" der Strophe: *„Thialfi in Adlergestalt verzögerte das Kochen der Götter. Odin erklärte, daß die Ursache davon Magie sein muß. Der Adler sprach von der Weltesche herab. Loki war wütend auf ihn."*

Der Berg-Heuler verlangte
von dem Schritt-Meili,
daß er ihm seinen Teil
von dem geweihten Mahl reiche.

Der Freund des Rabengottes mußte blasen.
Der kampf-hungrige Rognir der Land-Wale
ließ sich dort nieder, wo die drei arglosen Beschützer
der Götter angekommen waren.

Der *„Heuler"* ist ein Wolf. Der *„Berg-Heuler"* ist der Riese Thiazi.

„Meili" ist ein Sohn des Odin und ein Bruder des Thor. Sein Name bedeutet „der Liebliche" oder „Liebe". Dieser Name klingt wie eine Umschreibung des „schönen Gottes" Baldur, der ein Sohn des Odin und der Frigg ist. Das mit „Schritt" übersetzte germanische Wort „fet" kann sowohl „Schritt" als auch „Stief-" bedeuten. Da es für Hönir die Kenning „Langfuß" gibt, ist die Übersetzung als *„Schritt-Meili"* wahrscheinlicher. Hönir hat demnach möglicherweise Ähnlichkeit mit dem Asen Meili

(Baldur?), aber er macht große Schritte, d.h. er ist in irgendeiner Weise ein Wanderer. Vielleicht bedeutet „Meili" in dieser Kenning auch einfach nur „Gott".

Hönir entspricht dem Asen We. Hönir/We verkörpert in den verschiedenen Götterdreiheiten wie hier der aus Odin, Hönir und Loki bestehenden Dreiheit die Priester und Heiler. Odin/Wodan vertritt die Krieger und Fürsten, während Loki/Wili die Bauern und Handwerker vertritt. Die für Hönir charakteristischen „Schritte" könnten seine Reisen ins Jenseits sein, die er sowohl als Priester als auch als Heiler zur Ausübung seines Berufes benötigt, da diese Jenseitsreisen seine Verbindung zu den Göttern herstellen.

Diese Deutung würde auch die Verwendung des Götternamens „Meili" (Baldur?) in der Hönir-Kenning „Schritt-Meili" erklären, da auch Meili/Baldur in das Jenseits und zurück reist. Vermutlich wird auch Odin deshalb „Gangr" („Gehender") genannt, weil er als Schamanengott mehrfach ins Jenseits gereist ist.

Thiazi verlangt in den ersten vier Versen einen Anteil von dem Fleisch der Götter. Er wendet sich dabei an Hönir, da dieser als Verkörperung der Priester und Heiler die Leitung der Zeremonie innehat. Daß es sich nicht um eine einfache Mahlzeit auf einer Reise handelt, ist daran ersichtlich, daß die Asen nicht bei einem „Mahl", sondern bei einem *„geweihten Mahl"* zusammensitzen.

Der anscheinend auch aus der Sicht der Asen bestehende Anspruch des Adler-Thiazi auf einen Anteil an dem geweihten Mahl könnte darauf hinweisen, daß das Mahl die Funktion hatte, die, die es bereiteten, mit den Ahnen (in der Gestalt von Seelenvögeln) zu verbinden. Solche gemeinsamen Mahlzeiten mit den Ahnen zur Aufrechterhaltung des Kontaktes mit ihnen lassen sich bis in die früheste schriftliche Überlieferung in Ägypten und Sumer zurückverfolgen. Ein Überbleibsel davon ist der heutige „Leichenschmaus". Auch die christliche Symbolik des Abendmahles beruht auf dieser Tradition. Möglicherweise ist dieses Mahl auch einfach ein Opfer an den ehemaligen Göttervater Tyr (Thiazi) gewesen.

Der „Rabengott" ist Odin; „*sein Freund*" ist Loki, der in das Feuer *„bläst"*, damit das Fleisch doch noch gar wird – obwohl der Adler-Riese Thiazi dies verhindern will.

Die „*Land-Wale*" sind die Riesen. Ein „Rognir" ist ein „Herrscher" oder „König" (keltisch: rig; lateinisch: „rex"; indisch: „radscha"). Dies ist ein häufiger Titel für die Götter der Germanen. „*Kampf-hungriger Rognir*" ist eine recht undifferenzierte Kenning, da sie auf fast alle Götter außer Baldur und Hönir zutrifft. Der „*kampf-hungrige Rognir der Land-Wale*" ist jedoch kein Ase, sondern ein Riese. Dieser Riese ist in diesem Zusammenhang Thiazi, der hier als „König der Riesen" oder „Gott der Riesen" erscheint.

Das Wort „varnendr", das hier mit „*arglos*" übersetzt wird, hat auch die Bedeutung „ratlos" – die Asen hatten nicht damit gerechnet, daß der magiekundige Adler-Riese Thiazi zu ihnen kommen würde und setzen sich nun zunächst einmal nieder und hoffen und glauben, daß Thiazi nur blufft.

„Kenning-freie Übersetzung" der Strophe: *„Thiazi verlangte von Hönir, daß er ihm seinen Teil von dem geweihten Mahl reiche. Loki blies ins Feuer. Thialfi ließ sich dort nieder, wo die drei arglosen Asen angekommen waren."*

Der gnädige Herr der Erde
bat Farbautis Sohn,
geschwind den Wal der Bogensehnen-Var
unter den Gefährten zu verteilen.

Aber der geschickte und unnachgiebige
Gegner der Asen
schnappte sich daraufhin
von der breiten Tafel vier Stier-Teile.

Der *„Herr der Erde"* ist Odin.

„Farbautis Sohn" ist Loki.

Ein *„Var"* ist ein Eid und im übertragenen Sinne auch die Göttin Var, die die Verträge beschützt. Diese Heiti bezieht sich evtl. auch auf den Friedensschluß zwischen Asen und Wanen und vielleicht ebenso allgemeinen auf die Sippentreue innerhalb der Gemeinschaft der germanischen Götter. Eine *„Bogensehnen-Var"* ist demnach eine Göttin, die gut jagen kann. Damit könnte Skadi gemeint sein, die eine „Bogen-Asin" ist (auch Ullr ist ein Bogen-Ase). Der *„Wal der Bogensehen-Var"* ist somit das erlegte Tier, das die Asen gebraten haben.

Der *„Gegner der Asen"* ist der Riese Thiazi, der sich gleich alle vier Viertel des Stieres schnappt – wie dies auch von Snorri berichtet wird. In der Edda brieten die Asen jedoch keinen Stier, sondern ein „Rentier", das als „Köder-Rentier" umschrieben wird – vielleicht war dies eine Kenning für „Stier".

Die *„breite Tafel"* ist anscheinend ein Altar.

Die in diesen vier Stophen beschriebene Szene ist der Weltenbaum, unter dem Odin, Hönir und Loki ein rituelles Mahl aus einem geopferten Stier bereitet haben. Der Adler auf dem Baum könnte ursprünglich derjenige gewesen sein, an den dieses Opfer gerichtet gewesen ist (also Tyr) – bevor dieses Wesen in einen räuberischen Adler umgedeutet worden ist.

Der Name „Thiazi" des Riesen, der in Adlergestalt auf dem Baum sitzt, ist eine Parallelform zu altnordisch „Tyr", altenglisch „Tiu, Tig" und althochdeutsch „Ziu, Tiu, Tiuz", die ihrerseits die germanische Form des indogermanischen Namens „Dhyaus" des Sonnengott-Göttervaters sind, dessen Seelenvogel in der Regel der Adler ist.

Die Eröffnungsszene dieses Liedes ist folglich das Opfer eines Stieres an den ehemaligen Sonnengott-Göttervater Tyr.

Diese Szene paßt gut zu den Beschreibungen des Bischofs Adam von Bremen über die Tieropfer in dem heiligen Hain neben dem germanischen Tempel von Uppsala.

„Kenning-freie Übersetzung" der Strophe: *„Odin bat Loki, den Stier unter den Gefährten zu verteilen. Aber Thjalfi schnappte sich daraufhin alle vier Stier-Teile von dem breiten Altar."*

Der hungriger Vater der Marnar
aß gierig den Joch-Bären
an den Wurzeln einer Eiche
– das ist schon lange her –

bis der tiefsinnig-verborgene Tyr
die Kriegsbeute, den fürchterlichen Feind der Erde
mit einem Hieb mit einem Stock
zwischen die Schultern niederschlug.

„*Der hungrige Vater der Marnar*" ist offensichtlich Thiazi – er war der Vater der Skadi, die mit der hier genannten „Marnar" identisch sein wird.

Der „*Joch-Bär*" ist der Stier, der schon bei den Germanen den Pflug auf dem Acker ziehen mußte.

„*Tyr*" ist bei den Germanen zu einem allgemeinen Begriff für „Gott" geworden. Der „*tiefsinnige Gott*" ist eigentlich Odin, aber hier ist offensichtlich Loki gemeint. Vielleicht ist mit „*tiefsinnig-verborgen*" auch „listig" gemeint, was dann eine sehr typische Eigenschaft des Loki wäre.

Die „*Kriegsbeute*" ist Thiazi – dies ist möglicherweise eine Anspielung darauf, daß Thiazi schließlich durch die Asen getötet wurde.

Der „*fürchterliche Feind der Erde*" ist ebenfalls der Riese Thiazi – eigentlich ist er der Feind der Götter und nicht der Erde. Vielleicht ist mit „Erde" Midgard und Asgard sowie ihre Bewohner als Gegensatz zu den Riesen in Utgard, deren König Tyr-Thiazi ist, gemeint.

„Kenning-freie Übersetzung" der Strophe: *„Thiazi aß gierig den Stier an den Wurzeln einer Eiche, bis Loki ihn mit einem Stock zwischen die Schultern schlug und Thiazi niederfiel. Das ist schon lange her."*

In dieser ursprünglicheren Version der Thiazi-Mythe finden sich mehrere zusätzliche Informationen über den Gott Hönir:

- Hönir hat ein geweihtes Mahl bereitet, was bedeutet, daß er als Priester handelt und somit vermutlich der „Priester der Götter" ist.
- Die Bezeichnung des Hönir als „Schritt-Meili", d.h. „Schritt-Baldur" bezieht sich vermutlich auf die Jenseitsreisen der Priester-Schamanen und somit auch des Hönir.
- Die „breite Tafel" wird ein Altar sein.
- Thiazi scheint einen berechtigen Anspruch auf einen Anteil an dem Fleisch zu haben, da sich die Asen seinem Verlangen bereitwillig fügen. Das Mahl ist daher sehr wahrscheinlich eine Opferung an Tyr.
- Loki ist „Hönirs Freund". Dies bezieht sich vermutlich auf die Götterdreiheit von Odin, Hönir und Loki, die hier zwar keine Brüder, aber immerhin Freunde sind.

I 11. Die Vision der Seherin

Hönir gehört zu den Asen, die den Ragnarök überleben und sich anschließend auf dem Idafeld treffen. Eine solche Wiedergeburt scheint für einen Gott der Schamanen-Priester durchaus passen zu sein, da diese schon von ihrem Beruf her in der Reise zwischen Diesseits und Jenseits geübt sind.

Da wird Hönir die Lose ziehen,
Und beider Brüder Söhne bebauen
Das weite Windheim. Wißt ihr, was das bedeutet?

Hönir ist der Priestergott, der auch für die Orakel zuständig ist.

I 12. Skaldskaparmal (3)

„Wie soll man Hönir umschreiben?"
„Indem man ihn Bankgenossen oder Freund des Odin nennt, den schnellen Gott, den Langfüßigen und den Licht-König."

Der Beiname „Bankgenosse oder Freund des Odin" ist leicht verständlich und entspricht der Bezeichnung des Loki als „Hönirs Freund" und der Beschreibung des Odin und des Loki als Blutsbrüder. Diese drei Götter waren offensichtlich Freunde.

Die Schnelligkeit des „schnellen Gottes" ist vermutlich eine Qualität, die dieser aufgrund seiner „langen Füße" hat. Diese Schnelligkeit könnte ein Bild dafür gewesen sein, daß der Priester-Schamane oft ins Jenseits reist und daher schnell sein muß, bzw. dafür, daß man mit seiner Seele, wenn man seinen Körper verlassen hat („Astralreise") in Gedankenschnelle jeden Ort erreichen kann.

Die letzte dieser Umschreibungen des Hönir wird meistens mit „König des Lehms" wiedergegeben. Sie lautet im Altnordischen „Aur-konung".

„Aurr" bedeutet „Erde, Schlamm, Lehm". „Aur" könnte daher eine Variante von „Aurr" sein. Dieses Wort leitet sich von dem germanischen Wort „auraz" für „Erde, Sand" ab. Die Bedeutungen von „aurr" im Nordischen lassen es aber auch denkbar erscheinen, daß „aurr" auch die Bedeutung von „Nässe, Feuchtigkeit" gehabt haben könnte.

Dasselbe Wort „aur" taucht auch in dem Namen der mythologischen Männergestalt „Aurvandil" auf, in dem es sich aber, wie die Namensvarianten zeigen, von „auzi" für „leuchten" herleitet, sodaß „Aurvandil" die Bedeutung „leuchtender Wanderer hat" – gemeint ist vermutlich die Venus.

Auch in anderen mit „aur" gebildeten Namen bedeutet dieses Wort „Licht": Tyr ist der „Sonnen-Mann" („Aurnir") und der Lichtkönig („Aurkonung") mit dem Lichthelm („Aurgrimnir"), der jeden Morgen im Licht der Morgendämmerung („aur") von der Lichtbotin-Göttin („Aurboda") wiedergeboren, von dem Morgenstern-Lichtwanderer („Aurvandil") angekündigt und von seinen Priestern, den „Licht-Rufern" („Aurgelmir") aus dem Licht-Land („Aurwang") nach Midgard zurückgerufen wird.

Der Name „Aur-konung" wird daher „Lichtkönig" bedeuten, was ein durchaus passender Beiname für einen Priester ist, zu dessen wichtigsten Aufgaben während der Tyr-zentrierten Religion vor 500 n.Chr. die morgendliche Anrufung der Sonne (Tyr) gehört hat.

Tyr hatte damals auch den Beinamen „Heidrek", was ebenfalls „Lichtkönig" bedeutet. Dies wäre in der germanischen Mythologie nicht der einzige Fall, in dem der Priester und die angerufene Gottheit sehr ähnliche oder gleiche Namen tragen – so hieß der Priester des Tyr einst „Diar", was mit „Tyr" identisch ist.

I 13.   Gylfis Vision (2)

In der folgenden Geschichte tritt Hönir wieder nur passiv auf, aber sie zeigt noch einmal seine Wichtigkeit.

Der dritte Ase ist Niörd genannt, er bewohnt im Himmel die Stätte, welche Noatun heißt. Er beherrscht den Gang des Windes und stillt Meer und Feuer; ihn ruft man zur See und bei der Fischerei an. Er ist so reich und vermögen, daß er allen, welche ihn darum anrufen, Gut, liegendes sowohl als fahrendes, gewähren mag.

Er wurde in Wanaheim erzogen, und die Wanen gaben ihn den Göttern zur Geisel und nahmen dafür von den Asen zum Geisel den Hönir: so einigten sich durch ihn die Götter mit den Wanen.

Diese Geiselnahme ist hier nur sehr kurz beschrieben worden – in der folgenden „Geschichte der Könige vom Geschlecht der Ynglinge", dem ersten Kapitel des Geschichtswerkes „Heimskringla" („Erdkreis") findet sich eine ausführlichere Schilderung.

Hönir schient mit Njörd gleichwertig zu sein, da es sich um einen Geiseltausch handelt. Zudem wurden nur „wertvolle Menschen" als Geiseln ausgetauscht, da die Geiseln sonst wirkungslos gewesen wären.

Njörd ist eine der vielen Varianten des „Tyr in der Wasserunterwelt" – Hönir ist ein Gott, der als Schamanen-Priester oft in die Unterwelt reist.

I 14.   Ynglingatal

Im ersten Kapitel von Snorri Sturlusons mythologisch-historischem Werk „Heimskringla" erscheinen der Gott Hönir, der Riese Mimir und einige Asen, die entsprechend der damaligen Weltanschauung als Könige und große Krieger der Vorzeit angesehen wurden. Diese Übertragung der Mythen in die Sage findet sich zur Zeit des Snorri Sturluson, der auch die Edda verfaßt hat, an vielen Stellen.

Auf dieselbe Weise haben sich z.B. auch viele Mythen der Kelten in die Sagen um König Artus oder zu der Sage vom Stierraub von Cuailgne verwandelt.

Odin zog mit einem großen Heer zu den Leuten aus dem Wanen-Land, aber sie waren gut vorbereitet und verteidigten ihr Land; daher war der Sieg wechselhaft und sie verwüsteten gegenseitig ihre Länder und verursachten große Schäden.

Schließlich waren beide dieses Kampfes müde und beide Seiten trafen sich, um einen Frieden auszuhandeln, einen Waffenstillstand zu vereinbaren und Geiseln auszutauschen. Das Wanenland sendete seinen besten Mann: Njörd den Reichen und seinen Sohn Freyr.

Die Leute des Asenlandes sandten einen Mann, der Hone genannt wurde und den sie für einen sehr fähigen Häuptling hielten, da er ein sehr kräftiger und stattlicher Mann war, und mit ihm sandten sie einen Mann von großer Weisheit, den sie Mime nannten. Auf der anderen Seite sandten die Wanenland-Leute den weisesten Mann aus ihrer Gemeinschaft, der Kvase genannt wurde.

Nun, als Hone nach Wanenheim kam, wurde er sofort zu einem Häuptling ernannt, und Mime kam jederzeit mit gutem Rat zu ihm. Wenn Hone jedoch in den Thing-Treffen oder in anderen Versammlungen stand und Mime nicht in seiner Nähe war und ihm irgendeine schwierige Angelegenheit vorgelegt wurde, antwortete er immer auf dieselbe Weise: „Laßt nun andere ihren Rat geben."

Daher bekamen die Wanenland-Leute den Verdacht, daß sie bei dem Austausch von Männern betrogen worden seien. Deshalb ergriffen sie Mime, enthaupteten ihn und sandten seinen Kopf zu den Asenland-Leuten.

Odin nahm den Kopf, rieb ihn mit Kräutern ein, damit er nicht verweste, und sang Zauberlieder über ihn. Dadurch gab Odin Mimes Haupt die Macht, daß er zu ihm sprach und ihm viele Geheimnisse erzählte.

Odin ernannte Njörd und Freyr zu Opferpriestern und sie wurden die Diar der Asenland-Leute. Njörds Tochter Freya wurde die Opferpriesterin und lehrte als erste den Asenland-Leuten die magischen Künste wie sie bei den Wanenland-Leuten üblich und weit verbreitet waren.

Während Njörd noch bei den Wanenland-Leuten gewesen war, nahm er seine eigene Schwester zur Frau, denn das war von ihrem Gesetz erlaubt; und ihre Kinder waren Freyr und Freya. Aber unter den Asenland-Leuten war es verboten, unter so nahen Verwandten zu heiraten.

„Hone" ist der schweigsame Ase Hönir, der die Verkörperung der Priester ist und auch selber rituelle Handlungen ausführt.

Ein „Diar" ist ein Priester. Das Wort leitet sich wie der Gottesname „Tyr" von indogermanische „Dhyaus" für „Göttervater" ab. Ein Diar ist somit ein Priester des Göttervaters.

„Kvase" ist Kwasir, der personifizierte Göttermet.

Das Einbalsamieren des Kopfes des Mimir durch Odin, um über diesen Kopf dann weiterhin Kontakt zu Mimir haben zu können, geht auf eine Tradition zurück, die bis in den Ahnenkult der frühe Jungsteinzeit zurückreicht und auch bei den Indogermanen eine reiche Tradition hat. Odins Verhalten wird den Germanen daher nicht allzu seltsam vorgekommen sein und sie werden möglicherweise diesen alten Bestattungsbrauch, bei dem man das Haupt des Toten vom Rumpf trennte und aufbewahrte, zumindestens noch aus Erzählungen gekannt haben. Diese Totenköpfe der eigenen Eltern frug man dann in Krisenzeiten um Rat und lauschte innerlich auf die Antwort.

Mimir wird daher in irgendeiner Weise für Odin den Vater oder eine ähnliche Autorität darstellen, sodaß er ihn bei Schwierigkeiten um Rat frug. Dies paßt dazu, daß es Mimir gewesen sein könnte, der die Einweihung des Odin geleitet hat und der daher wohl auch allgemein der Leiter dieser Rituale gewesen sein wird. Sowohl Mimirs Verhältnis zu Odin als auch Mimirs vermutete Funktion bei den Einweihungen spricht dafür, daß Mimir eng mit dem Göttervater verbunden gewesen ist – er könnte mit dem ehemaligen Göttervater Tyr identisch sein.

Der Name „Mimir" könnte sich aus der im Ynglingatal beschriebenen Szene erklären: Wenn Ymir ein „sprechender Toter" ist, kennt er auch die Vergangenheit, d.h. Mimir ist das, was sein Name bezeichnet: die Erinnerung.

Hönir fragt Tyr-Mimir stets um Rat – das ist genau die Tätigkeit eines Priesters: die Ahnen und die Götter um Rat und Hilfe bitten.

Die ausgetauschten Personen sind von ihrer Stellung her sehr interessant, da sie jeweils einen Priester-Zauberer sowie ein weise Person, die mit dem Göttermet assoziiert wurde, austauschten:

der Geiseltausch zwischen Asen und Wanen		
Götter-Stamm	*Priester*	*Symbol der Weisheit und des Göttermets*
Asen bei den Wanen	Hönir	Mimir
Wanen bei den Asen	Njörd und seine Kinder Freyr, Freya	Kvasir

Diese Gleichheit der zwischen den Asen und den Wanen ausgetauschten Geiseln zeigt noch einmal, daß Mimir aus einem rituell-priesterlichen Zusammenhang stammt und daß seine Verbindung mit dem Göttermet eine seiner zentralen Eigenschaften ist.

Mimir wird als Hönirs Berater geschildert. Wenn Hönir nun das Urbild der Priester ist, dann ist Mimir das Urbild der Ahnen, zu denen der Priester-Schamane Kontakt aufnimmt und die den Priester in seinen Ritualen und Handlungen unterstützen.

I 15. Skaldskaparmal (4)

In dem Skalden-Lehrbuch des Snorri Sturluson findet sich eine Aufzählung von Asen und Asinnen, in der auch Hönir erscheint. Seine Position in dieser Aufzählung gibt allerdings keinerlei neuen Hinweise auf seinen Charakter.

Da kamen die Asen zu ihrem Gelage und zwölf der Asen, die da zu Richtern bestellt waren, setzten sich auf ihre Hochsitze. Dies sind ihre Namen: Thor, Niörd, Freyr, Tyr, Heimdall, Bragi, Widar, Wali, Ullr, Hönir, Forseti, Loki. Desgleichen heißen die Asinnen: Frigg, Freyja, Gefion, Idun, Gerd, Sigyn, Fulla, Nanna.

I 16. Sögubrot af nokkrum fornkonungum

In diesem „Saga-Bruchstück über einige Könige aus alter Zeit" aus Dänemark und Schweden werden in einer Traumdeutung mehrere Götter erwähnt, zu denen auch Hönir gehört.

Als die Neuigkeit von der Heirat von Aud der Tiefsinnigen bis zu ihrem Vater König Ivar dem Weitumfassenden gelangte, fand er es unverschämt, daß König Radbard sie ohne seine Erlaubnis geheiratet hatte.

Der Beiname „Weitumfassender" des Königs schwedischen Königs Ivar, der von ca. 620-700 n.Chr. lebte, bezog sich darauf, daß ihm Königreiche von Großbritannien bis Rußland Tribut zahlen mußten.

Da versammelte er ein großes Heer aus seinem gesamten Reich, aus Schweden und Dänemark. Er versammelte ein so großes Heer, daß er mehr Schiffe hatte als man zählen konnte. Er brach mit seinem Heer auf und zog nach König Radbards Land östlich des Baltikums und erklärte, daß er dessen gesamtes Königreich verwüsten und versengen werde.
König Ivar war damals bereits sehr alt. Und als er seine Heeresmacht nach Osten in den Golf von Finnland gebracht hatte, beabsichtige er, seine Schiffe mit seinem Heer dort zu verlassen, wo das Reich des Königs Radbard begann.
Da geschah es eines Nachts, als der König auf dem Achterdeck seines Schiffes schlief, daß er träumte, daß ein großer Drache von dem Meer her geflogen kam und Funken von ihm aufflogen wie Funken von einer Schmiede und alle Länder rings um ihn her erleuchteten. Hinter ihm flogen alle Vögel her – es schienen ihm alle Vögel

der Nordlande zu sein. Dann sah er eine große Wolke von Norden her nahen und er sah, daß sie einen so großen Regen und so große Stürme brachte, daß er dachte, daß alle Wälder und alle Länder von dem Wasser, das herniederströmte, fortgespült werden würden. Mit ihr kamen Donner und Blitze. Und als der große Drache vom Meer aus über das Land flog, da kam über ihn der Regen und der Sturm und eine solch große Finsternis, daß er ab dem Augenblick weder den Drachen noch die Vögel mehr sehen konnte, auch wenn er den großen Lärm der Donner und des Sturmes hören konnte. Das Unwetter zog nach Süden und nach Westen und umgab sein ganzes Reich. Und ihm schien, daß er da nach seinen Schiffen blickte und sie waren zu nichts anderem als zu Walen geworden, alle von ihnen, und sie schwammen ins Meer hinaus.

Und er erwachte und rief seinen Ziehvater Hord zu sich und erzählte ihm seinen Traum und bat ihn, ihn ihm zu deuten.

Hord sprach, daß er zu alt sei, um zu wissen, wie man Träume verstehen müsse. Er stand auf einem Felsen unterhalb des Endes des Piers, während der König auf dem Achterdeck lag und eine Ecke seines Zeltes angehoben hatte, während sie miteinander sprachen.

Der König war in einer schlechten Stimmung und sprach: „Komm an Bord, Hord, und deute meinen Traum!"

Hord sprach, er könne nicht an Bord kommen, „aber Dein Traum braucht keine Deutung. Du kannst selber sehen, was er bedeutet und daß es sehr wahrscheinlich ist, daß es bald eine Veränderung des Herrschers in Schweden und Dänemark gibt. Und nun ist die Gier des Grabes in Dir, der Hunger, der das Ende eines Menschen ankündet – dieser Gedanke von Dir, Dir alle Reiche zu unterwerfen, aber was Du nicht weißt, ist, daß das Ergebnis Dein Tod sein wird und daß Deine Feinde Dein Königreich besitzen werden."

Der König sprach: „Komm her und sprich Deine Schicksals-Prophezeiungen!"

Hord sprach: „Hier will ich stehen und von hier aus sprechen."

Der König sprach: „Wer war Halfdan der Tapfere unter den Asen?"

Hord antwortete: „Er war Baldur unter den Asen und all die Götter weinten – im Unterschied zu Dir."

„Du sprichst gut," sagte der König, „komm her und sage mir Deine Botschaften!"

Hord sprach: „Hier will ich stehen und von hier aus sprechen."

Der König sprach: „Wer war Hroerek unter den Asen?"

Hord antwortete: „Er war Hönir, der der ängstlichste unter den Asen war, auch wenn er schlecht zu Dir gewesen ist."

„Wer war Helgi der Kühne unter den Asen," sprach der König.

Hord antwortete: „Er war Hermod, der den größten Mut hatte und Dir nicht gut gesonnen war."

Der König frug: „Wer war Gudrod unter den Asen?"

Hord antwortete: „Er war Heimdall, der der närrischste unter den Asen war, auch wenn er schlecht zu Dir gewesen ist."

Der König sprach: „Wer bin ich unter den Asen?"

Hord antwortete: „Du mußt die Schlange sein, die das Schlimmste in der Welt ist, die, die sie Midgardschlange nennen."

Der König antwortete sehr wütend: „Wenn Du mein Verhängnis verkündest, dann laß mich Dir sagen, daß Du nicht mehr länger leben wirst, denn ich kenne Dich, dort wo Du stehst, Du großer Thurse! So fahre selber zur Midgardschlange und laß uns sehen, wer von uns der bessere ist, wenn es zum Kampf kommt!"

Da sprang der König vom Achterdeck herab und er war so wütend, daß er durch die untere Ecke des Zeltes sprang. Hord stürzte hart von dem Felsen und stürzte in das Meer und das war das letzte, was die Wächter auf dem Schiff des Königs jemals von ihnen beiden sahen.

Der Drache und die vielen Vögel sind der König und sein Heer. Der Sturm ist sein nahender Tod und die Dunkelheit sein Ende. Die Wale sind die daraufhin führerlosen Schiffe, die heimkehren.

Die Fragen des Königs und die Schicksalsprophezeiungen des Hord machen den Eindruck, als ob sie in einer bestimmten Tradition ständen, die beiden gut bekannt ist – eine Art Frage-und-Antwort-Dialog, der evtl. eine feststehende Form war, in der man vielleicht ein Orakel oder eine Seherin befragte.

Hord ist Odin in der Verkleidung seines Ziehvaters – Odin ist oft der Todesbote der ein Leben lang von dem Göttervater beschützten und daher immer siegreichen Könige in den Sagas. Am ausführlichsten ist dies in der Völsungen-Saga in der letzten Schlacht des Königs Sigmund, dem Vater des Sigurd/Siegfried beschrieben worden.

Halfdan, Hroerek, Helgi der Kühne und Gudrod sind Könige gewesen, die möglicherweise von König Ivar als seine Vorfahren angesehen worden sind. König Halfdan ist ein König der Dänen gewesen und herrschte von ca. 580-620 n.Chr. Er war ein Nachkomme von König Scyld, der ein Sohn des Odin war. Hroerek und Helgi der Kühne waren Söhne des Königs Halfdan. Ein dänischer König Gudrod ist nur aus der Zeit um 800 n.Chr., also 100 Jahre nach dem von 620-700 lebenden König Ivar bekannt.

Vermutlich waren diese vier Könige die direkten Vorfahren des Königs Ivar. Die Zeitangaben sind nur sehr grobe Schätzungen und die Reihenfolge von Hroerek und Helgi dem Kühnen ist ungewiß – sie kann auch andersherum gewesen sein als unten angeführt. Aus der Njals-Saga sind die direkten Vorfahren von Ivar bekannt, sodaß sich der Stammbaum der Skyldinge von Halfdan bis hin zu Ivar recht sicher rekonstruieren läßt:

- Odin
- Scyld, erster König von Dänemark
- … … …
- **Halfdan der Tapfere**, König von Dänemark von ca. 580-620 n.Chr.,
- **Helgi der Kühne** Halfdan-Sohn, König von Dänemark,
- **Gudrod**, vermutlich ein Sohn des Helgi, König von Dänemark
- **Hroerek** Halfdan-Sohn, König von Dänemark,
- Valdar Hroerek-Sohn, König von Dänemark,
- Harald der Alte Valdar-Sohn, König von Dänemark,
- Halfdan der Tapfere Harald-Sohn, König von Dänemark,
- **Ivar der Weitumfassende** Halfdan-Sohn, König von Dänemark von ca. 650-700 n.Chr.

Der Dialog zwischen Odin/Hord und König Ivar ist anscheinend eine Art Anrufung der Ahnen des Königs.

Dazu paßt auch, daß König Ivar sich erkundigt, zu welchen Göttern seine Königs-Vorfahren geworden sind. Dies zeigt u.a., daß sich die Könige zumindestens nach ihrem Tod mit einem der Asen identifizierten. Dies läßt vermuten, daß sich diese Könige auch schon bei ihrer Krönung mit der entsprechenden Gottheit vereinten und dann während ihrer Herrschaftszeit unter deren Schutz standen. Diese Auffassung des Königtums ist weltweit verbreitet.

Die fünf Könige sind Odin zufolge zu folgenden Göttern geworden:

| die Dänenkönige und ihre Schutzgottheiten ||||
König	*Gott*	*Beschreibung des Gottes*	*Kommentar zu Ivar*
Halfdan der Tapfere	Baldur	*all die Götter weinten*	*Du hast nicht geweint*
Hroerek	Hönir	*der Ängstlichste unter den Asen*	*er war schlecht zu Dir*
Helgi der Kühne	Hermod	*hat den größten Mut*	*er war Dir nicht gut gesonnen*
Gudrod	Heimdall	*der närrischste unter den Asen*	*er war schlecht zu Dir*
Ivar der Weitumfassende	Jörmungandr	*Du mußt die Schlange sein, die das Schlimmste in der Welt ist, die, die sie Midgardschlange nennen.*	

Die Aussage zu Baldur ist leicht verständlich, da Baldur aus dem Jenseits zurückgekehrt wäre, wenn alle Wesen um ihn geweint hätten. Da nur Loki in der Gestalt der Riesin Thöck sich zu weinen weigerte, setzt Odin hier König Ivar dem Loki gleich.

Der Ase Hermod ist vermutlich deshalb der Mutigste, weil er auf Friggs Bitte hin die Fahrt in Jenseits unternommen hat, um zu versuchen, ihren Sohn Baldur von Hel zurückzuholen. Wenn dieser Schamanengott schlecht zu Ivar gewesen ist, könnte dies bedeuten, daß er die Verbindung zwischen Ivar und den Göttern aufgelöst hat – was das Ende des Königtums des Ivar bedeuten würde.

Heimdall wird der närrischste unter den Asen genannt – der Grund für diese Aussage ist recht unklar. Heimdall ist wahrscheinlich eine Gestalt des früheren Göttervaters Tyr und verkörpert einen seiner Aspekte. Wenn er dem Ivar nicht gut gesonnen war, dann bedeutet dies das Ende der Verbindung zwischen dem König und dem Göttervater. All dies sind letztlich auch Bilder dafür, daß Odin (Hord) dem Ivar die ihm bei seiner Krönung verliehende Gunst und seinen Schutz und seine Macht entzieht.

Der Vergleich des Ivar mit der Midgardschlange stellt Ivar zunächst als das Wesen dar, das von Thor getötet wird – ein deutlicher Hinweis auf sein nahendes Ende. Zudem nehmen die Toten den Vorstellungen der Germanen zufolge in ihrem Hügelgrab die Gestalt einer Schlange oder eines Drachen an, sodaß der Vergleich des Ivar mit Jörmungandr auch eine Umschreibung dafür ist, daß Ivar nun zu einem Drachen werden, d.h. sterben wird.

Schließlich bleibt noch die Gleichsetzung des Königs Hroerek mit dem Gott Hönir. Zunächst einmal wird Hönir wie die anderen Götter und Wesen wohl auch etwas mit dem Königtum zu tun gehabt haben. Daß er schlecht zu Ivar gewesen ist, wird wie bei Heimdall und Hermod wohl bedeuten, daß die Verbindung zwischen König Ivar und den Göttern von Hönir durchtrennt worden ist. Wenn der König von dem Priester, dessen Urbild Hönir ist, gekrönt worden ist, d.h. wenn dieser Priester-Gott die Verbindung des Königs zu dem Göttervater hergestellt hat, ist es plausibel, daß er sie auch wieder auflösen kann.

Die Bezeichnung des Hönir als des ängstlichsten aller Asen ist vielleicht dadurch zu erklären, daß er als Priester-Schamane kein Krieger ist. Vielleicht liegt dem aber auch eine unbekannte Mythe zugrunde.

I 17. Lokka Tattur

In diesem alten Lied von den Faröer-Inseln werden nacheinander Odin, Hönir und Loki von einem Bauern um Hilfe gegen einen Riesen angerufen. Diese Götterdreiheit ist offensichtlich weit verbreitet gewesen. Es beachtenswert, daß Loki innerhalb dieser Gruppe zwar noch immer listig ist und Unruhe stiftet, aber daß er den Menschen und auch den Asen wohl gesonnen ist.

Der Riese, gegen den der Bauer die drei Asen um Hilfe ruft, wird mit großer Wahrscheinlichkeit wieder Tyr als Riesenkönig im Jenseits sein – zumal er ein „scharfes Schwert" besitzt.

Die Strophen des Liedes werden von einem Sänger gesungen und der zweizeilige Kehrreim von ihm gemeinsam mit seinen Zuhörern.

Bauer und Riese spielten lang,
Der Bauer verlor, der Riese gewann.
„Gewonnen ist das Spiel mir schon,
Nun will ich haben Deinen Sohn.
Haben will ich den Sohn von Dir,
Nicht schützen kannst Du ihn vor mir."

    Was nützt mir die Harfe in meiner Hand,
    Wenn keiner mir folgt in das andere Land?

Der Bauer rief den Knecht herbei:
„Bitt' Odin, dass er mit uns sei.
Zu Odin fleh in unseren Sorgen,
Der könnte mein Kind wohl halten verborgen.
Wäre der König der Asen hier,
So wüsste ich, der schützt ihn mir."

    Was nützt mir die Harfe in meiner Hand,
    Wenn keiner mir folgt in das andere Land?

Das Wort war ihm noch kaum entwischt,
Stand Odin auch schon vor dem Tisch.
„Höre mich, Odin, ich rufe zu Dir,
Den Sohn sollst Du verstecken mir."
Odin ging mit dem Knaben hinaus,
Voll Sorge saßen die Eltern zu Haus.

Was nützt mir die Harfe in meiner Hand,
Wenn keiner mir folgt in das andere Land?

Ein Kornfeld ließ da Odins Macht
Wachsen und reifen in einer Nacht.
In des Ackers Mitte verbarg alsbald
Odin den Knaben in Ährengestalt.
In einer Ähre ward er mitten im Feld
Als Gerstenkorn zu den anderen gestellt.

Was nützt mir die Harfe in meiner Hand,
Wenn keiner mir folgt in das andere Land?

„Nun stehe ohne Sorge hier,
Und wenn ich rufe, so komm zu mir.
Nun steh hier ohne Furcht und Graus,
Und wenn ich rufe, so komme heraus."

Was nützt mir die Harfe in meiner Hand,
Wenn keiner mir folgt in das andere Land?

Des Riesen Herz war hart wie Horn,
Er füllte den Schoß sich voll mit Korn.
Er prüft' alles Korn auf dem Ackerland
Und trug ein scharfes Schwert in der Hand.
Ein scharfes Schwert sah man ihn tragen,
Den Knaben wollte er damit erschlagen.

Was nützt mir die Harfe in meiner Hand,
Wenn keiner mir folgt in das andere Land?

Der Knabe in großer Not sich fand,
Dem Riesen sprang ein Korn aus der Hand.
Dem Knaben graute vor dem Tod,
Da rief ihn Odin in der Not.
Odin brachte ihn heim geschwind,
Und die Eltern umarmten ihr lebendes Kind.

Was nützt mir die Harfe in meiner Hand,
Wenn keiner mir folgt in das andere Land?

*„Hier ist dein Kind, doch wie dem auch sei,
Mit meinem Schutz ist es nun vorbei."*

> *Was nützt mir die Harfe in meiner Hand,
> Wenn keiner mir folgt in das andere Land?*

Odin scheint in diesem Lied als Korngott aufgefaßt worden zu sein – zumindest ließe sich so seine Verbindung zum Korn am einfachsten erklären. Der Riese ist jedoch schlauer als Odin – was für ein nicht allzuhohes Alter dieses Liedes spricht, da zur Zeit der Edda der Göttervater Odin in jedem Wettstreit siegt.

*Der Bauer rief den Knecht herbei:
„Bitt' Hönir, dass er mit uns sei.
Zu Hönir fleh' in unseren Sorgen,
Der könnte mein Kind wohl halten verborgen.
Wäre Hönir, der Gott, jetzt hier,
So wüsste ich, der schützt ihn mir."*

> *Was nützt mir die Harfe in meiner Hand,
> Wenn keiner mir folgt in das andere Land?*

*Das Wort war ihm noch kaum entwischt,
Stand Hönir auch schon vor dem Tisch.
„Höre mich, Hönir, ich rufe zu Dir,
Den Sohn sollst Du verstecken mir."
Hönir ging mit dem Knaben hinaus,
Voll Sorge saßen die Eltern zu Haus.*

> *Was nützt mir die Harfe in meiner Hand,
> Wenn keiner mir folgt in das andere Land?*

*Hönir ging in den grünen Grund,
Sieben Schwäne überflogen den Sund.
Zwei Schwäne bogen nach Osten ab
Und ließen sich neben Hönir herab.
An eines Schwanes Kopf alsbald
Verbarg Hönir den Knaben in Flaum-Gestalt.*

> *Was nützt mir die Harfe in meiner Hand,
> Wenn keiner mir folgt in das andere Land?*

*"Nun weile ohne Sorge hier,
Und wenn ich Dich rufe, so komm zu mir.
Weile hier ohne Furcht und Graus,
Und wenn ich Dich rufe, so komme heraus."*

    *Was nützt mir die Harfe in meiner Hand,
    Wenn keiner mir folgt in das andere Land?*

*Das Monstrum kam in den grünen Grund,
Sieben Schwäne überflogen den Sund.
Der Riese ein Knie zur Erde bog,
Den ersten Schwan er zu sich zog.
In den ersten Schwan er heftig biss,
Den Kopf er ihm von den Schultern riss.*

    *Was nützt mir die Harfe in meiner Hand,
    Wenn keiner mir folgt in das andere Land?*

*Den Knaben hielt vor Furcht es kaum,
Vom Maul des Riesen flog ein Flaum.
Dem Knaben graute vor dem Tod,
Da rief ihn Hönir in der Not.
Hönir brachte ihn heim geschwind,
Und die Eltern umarmten ihr lebendes Kind.*

    *Was nützt mir die Harfe in meiner Hand,
    Wenn keiner mir folgt in das andere Land?*

*"Hier ist Dein Kind, doch wie dem auch sei,
Mit meinem Schutz ist es nun vorbei."*

    *Was nützt mir die Harfe in meiner Hand,
    Wenn keiner mir folgt in das andere Land?*

    Hönir ist mit sieben bzw. zwei Schwänen verbunden. Dies paßt gut zu der Deutung seines Namens als „Hahn" oder „Schwan". Man scheint Hönir diesem Lied zufolge auch als den „Schwanengott" aufgefaßt zu haben.
    Es wäre daher denkbar, daß Hönir auch einen Bezug zu den Walküren gehabt hat, da sich diese in Schwäne verwandeln konnten.
    Die Walküren sind vermutlich aus der Kombination von drei Motiven entstanden: 1.

aus der Göttin der Wiedergeburt im Wasserjenseits, 2. aus der Vervielfältigung der Göttin aufgrund der hohen Zahl von Toten, mit denen sich eine einzige Göttin nicht bei der Wiederzeugung vereinen und mit denen sie nicht gleichzeitig bis zu deren Wiedergeburt schwanger sein konnte, und 3. aus dem Schwan als Seelen-Wasservogel, dessen Gestalt die Jenseitsgöttin als Mutter der Seelenvögel übernahm.

Der Ase Hönir als Urbild der Priester-Schamanen ist über die Seelenführer-Tätigkeit der Schamanen auch eng mit den Seelenvögeln und somit auch mit der Jenseitsgöttin (Frigg/Freya/Hel) verbunden gewesen. Seine enge Verbindung zu den Schwänen ist somit sehr plausibel.

Auch der zweizeilige Kehrreim bezieht sich auf die Priestertätigkeit des Hönir, da er eine Reise in das Jenseits („das andere Land") beschreibt, die von Harfenspiel begleitet wird.

Der Bauer rief den Knecht herbei:
„Bitt' Loki, dass er mit uns sei.
Ich wünschte, Loki wär' jetzt hier.
Dann wüsste ich, der schützt ihn mir."

Was nützt mir die Harfe in meiner Hand,
Wenn keiner mir folgt in das andere Land?

Das Wort war ihm noch kaum entwischt,
Stand Loki auch schon vor dem Tisch.
„Du kennst nicht, Loki, meine Not,
Der Riese wünscht meinem Sohn den Tod.
Höre mich, Loki, ich rufe zu Dir,
den Sohn sollst Du verstecken mir.
Versteck' ihn gut mit deiner List,
Damit das Monstrum nicht ahnt, wo er ist."

Was nützt mir die Harfe in meiner Hand,
Wenn keiner mir folgt in das andere Land?

„Soll ich Deinen Sohn beschützen,
So folg' meinem Wort, es wird Dir nützen.
Ein Bootshaus lass erbauen dort,
Wenn ich bin mit dem Knaben fort.
Ein großes Fenster brich hinein,
Lass Eisenstangen dahinter sein."

*Was nützt mir die Harfe in meiner Hand,
Wenn keiner mir folgt in das andere Land?*

*Loki ging mit dem Knaben hinaus,
Sorgend saßen die Eltern zu Haus.
Loki eilte zum Meeresstrand,
Da schwamm ein Schifflein dicht am Land.
Die fernsten Fischgründe waren sein Ziel
– so heißt es in alten Liedern viel.*

*Was nützt mir die Harfe in meiner Hand,
Wenn keiner mir folgt in das andere Land?*

*Loki sprach kein einziges Wort,
Er warf die Angel über Bord.
Haken und Köder zu Grunde fuhr,
Eine Flunder zog er herauf an der Schnur.
Eine zweite zog er aus den Wogen,
Die dritte war schwärzlich, weil voll von Rogen.*

*Was nützt mir die Harfe in meiner Hand,
Wenn keiner mir folgt in das andere Land?*

*Loki verbarg den Knaben alsbald
Mitten im Rogen in Ei-Gestalt.
„Nun weile ohne Sorge hier;
Und wenn ich Dich rufe, so komme zu mir.
Weile hier ohne Furcht und Graus,
Und wenn ich Dich rufe, so komm heraus."*

*Was nützt mir die Harfe in meiner Hand,
Wenn keiner mir folgt in das andere Land?*

*Loki ruderte wieder an Land,
Da stand vor ihm der Riese im Sand.
Der Riese fragte mit Bedacht:
„Loki, wo warst Du die ganze Nacht?"*

*Was nützt mir die Harfe in meiner Hand,
Wenn keiner mir folgt in das andere Land?*

*„Ach, wenig Ruhe hatte ich nur,
Das weite Meer ich überfuhr."*
Sein Eisen-Boot stieß der Riese in's Meer;
Loki warnte: „Die See stürmt sehr!"
Loki sprach den Riesen an:
„Riese, nimm mich mit in den Kahn."

    Was nützt mir die Harfe in meiner Hand,
    Wenn keiner mir folgt in das andere Land?

Der Riese nahm das Steuer zur Hand,
Mit den Rudern stieß Loki ab vom Land.
Loki ruderte stark und erpicht,
Das Riesenboot aber rührte sich nicht.
Da schwor Loki dem Riesen zu:
„Vom Steuern verstehe ich mehr als Du."

    Was nützt mir die Harfe in meiner Hand,
    Wenn keiner mir folgt in das andere Land?

Der Riese saß nun am Ruderbord,
Und der Kahn flog durch die See nur so fort.
Er schonte sich beim Rudern nicht,
Auch Loki tat brav seine Pflicht.
Die fernsten Fischgründe waren sein Ziel
– so heißt es in alten Liedern viel.

    Was nützt mir die Harfe in meiner Hand,
    Wenn keiner mir folgt in das andere Land?

Der Riese sprach kein einziges Wort,
Er warf die Angel über Bord.
Haken und Köder zu Grunde fuhr,
Eine Flunder zog er herauf an der Schnur.
Eine zweite zog er aus den Wogen,
Die dritte war schwärzlich, weil voll von Rogen.

    Was nützt mir die Harfe in meiner Hand,
    Wenn keiner mir folgt in das andere Land?

Loki sprach da schmeichlerisch:
„Riese, gib mir doch den Fisch."
Der Riese aber sagte: „Nein,
Nein, mein Loki, das kann nicht sein."
Zwischen die Knie den Fisch gezogen,
Zählte er jedes Ei im Rogen.
Kein Ei blieb ungezählt im Fische,
Damit er nun das Kind erwische.

    Was nützt mir die Harfe in meiner Hand,
    Wenn keiner mir folgt in das andere Land?

In größter Not der Knabe stand,
Ein Ei sprang aus des Riesen Hand.
Dem Knaben graute vor dem Tod,
Da rief ihn Loki in der Not.
„Versteck Dich, Knabe! Hinter mich!
Lass nicht den Riesen sehen Dich!
Sei leichten Fußes zurück an Land,
Und keine Spur drück in den Sand."

    Was nützt mir die Harfe in meiner Hand,
    Wenn keiner mir folgt in das andere Land?

Der Riese fuhr zurück den Kahn
Und Loki war wieder Steuermann.
Rasch ruderte man dem Ufer zu,
Und sie erreichten es im Nu.
Zu landen war man im Begriff,
Da wandte Loki schnell das Schiff.
Der Achtersteven knirschte im Sand,
Der Knabe sprang rasch hoch an Land.

    Was nützt mir die Harfe in meiner Hand,
    Wenn keiner mir folgt in das andere Land?

Der Riese glotzte den Strand hinauf,
Und prompt fiel ihm der Knabe auf.
Leichtfüßig lief der über Land,
Man merkte keine Spur im Sand.
Schwer stapft' der Riese hinterdrein,
Brach bis zum Knie im Sande ein.

  Was nützt mir die Harfe in meiner Hand,
  Wenn keiner mir folgt in das andere Land?

Zum Bootshaus, das sein Vater schuf,
Lief der Knabe auf Lokis Ruf.
Durchs Fenster schlüpfte er mit Bedacht,
Der Riese auch – mit großer Macht.
Er steckte im Fenster fest, oh Schmach!
An der Eisenstange sein Kopf zerbrach.

  Was nützt mir die Harfe in meiner Hand,
  Wenn keiner mir folgt in das andere Land?

Nun galt es für Loki, rasch zu sein,
Er hieb dem Riesen ab ein Bein.
Das tat dem Riesen nicht Gewalt,
Zusammen wuchs die Wunde bald.
Und wieder galt es, rasch zu sein,
Er hieb ihm ab das andere Bein.

  Was nützt mir die Harfe in meiner Hand,
  Wenn keiner mir folgt in das andere Land?

Er hieb ihm ab das andere Bein
Und warf dazwischen Stock und Stein.
Da sah der Knabe mit Wohlgefallen
Den Riesen in viele Stücke zerfallen.
Loki brachte ihn heim geschwind,
Und die Eltern umarmten ihr lebendes Kind.

  Was nützt mir die Harfe in meiner Hand,
  Wenn keiner mir folgt in das andere Land?

*„Hier ist dein Kind, doch wie dem auch sei,
Mit meinem Schutz ist es nun vorbei.
Die Treue hielt ich Dir doch sehr,
und den Riesen gibt's nicht mehr."*

*Was nützt mir die Harfe in meiner Hand,
Wenn keiner mir folgt in das andere Land?*

Die Verbindung von Loki und den Fischen ist auch aus anderen Zusammenhängen bekannt wie z.B. aus der Geschichte über die Niflungen in der Skaldskaparmal, in der Loki den Tyr-Zwerg Andvari fängt, der die Gestalt eines Fisches hatte, oder am Ende der Lokasenna, in der er selber die Gestalt eines Lachses annahm.

Die drei Götter sind in diesem Lied jeweils mit einem Motiv aus ihren Mythen verbunden, das vermutlich ihren Charakter zu der Zeit, in der das Lied verfaßt worden ist, entspricht:

die Symbole der drei Götter			
Gott	*Symbol*	*Bereich*	*Erfolg*
Odin	Gerste	Land	der Riese siegt
Hönir	Schwan	Luft/Strand	der Riese siegt
Loki	Fisch	Meer	Loki siegt

I 18. Zusammenfassung

Hönir ist der Gott der Priester und Schamanen und zugleich auch der Priester-Schamane der Götter. Er ist mit dem Gott „Ve", dessen Name „Weihender" bedeutet, identisch.

Hönirs Name bedeutet „Hahn" oder „Schwan". Da der Name des Schwanes „Sänger" bedeutet, ist die ursprüngliche Bedeutung des Namens „Hönir" ebenfalls „Sänger". Hönir ist somit sowohl der Gott der Seelen als auch der Gott der Skalden, die ursprünglich ein Teilaspekt des Berufes der Priester-Schamanen waren, bevor die Skalden zu einem eigenständigen Beruf wurden.

Der Hahn sitzt in den Mythen der Germanen stets auf dem Weltenbaum, der auch der „Arbeitsweg" der Priester und somit auch des Hönir ist, da er die Verbindung zwischen den Menschen und den Ahnen bzw. Göttern ist.

Der „Schwanengott" Hönir verwandelte einst einen Bauernsohn in eine Flaumfeder am Hals eines Schwanes, um ihn vor der Verfolgung durch einen Riesen zu schützen.

Hönir ist oft zusammen mit Odin und Loki auf Wanderschaft und erlebt mit ihnen zusammen vielerlei Dinge. Die drei Götter wurden als Freunde und möglicherweise auch als Brüder aufgefaßt. Odin und Loki sind zudem Blutsbrüder. Die drei Götter stellen die drei Stände der Germanen dar: Odin die Krieger und Fürsten, Hönir die Priester und Heiler sowie Loki die Bauern und Handwerker.

Diese drei erschaffen bzw. beleben auch den ersten Mann und die erste Frau. Hönir als der Gott der Seher-Priester gibt den beiden die Sinneswahrnehmungen.

Hönir ist für die Bereitung des geweihten Opfermahles am Altar zuständig. Den ersten Teil der Opfergaben reicht er dem Adler des Sonnengott-Göttervaters Tyr.

In der Arbeit der Priester-Schamanen spielten die Ahnen eine sehr große Rolle. Die alte Tradition, den Kontakt zu den Ahnen mithilfe von deren Totenschädel herzustellen, zeigt sich darin, daß der Priesters Hönir den Tyr-Mimir um Rat fragt, und später darin, daß Odins den sprechenden Schädel des toten Tyr-Mimir um Rat fragt.

Hönir war zusammen mit Mimir, der ursprünglich der Sonnengott-Göttervater Tyr im Jenseits gewesen sein wird, die Geisel bei dem Waffenstillstandsabkommen zwischen den Asen und den Wanen. Anscheinend begleitete hier der Priester den Göttervater. Hönir und Mimir sind wie das andere Geisel-Paar Njörd und Kvasir der Priester und der Ahn bzw. der Göttermet.

Die Jenseitsreisen, die die wichtigste Aufgabe der Priester-Schamanen sind, führten zu den Hönir-Beinamen „Schritt-Meili" („Schritt-Gott"), „schneller Gott" und „Langfüßiger". Möglicherweise ist auch der Loki-Bruder „Helblindi" mit Hönir identisch gewesen – dann wäre der andere Loki-Bruder Byleist mit Odin identisch.

Hönirs Beiname „Licht-König" leitet sich aus seiner Aufgabe her, am Morgen die Sonne bzw. Tyr („Licht-König") anzurufen.

Warum er der ängstlichste der Asen genannt wird, ist unklar – vielleicht charakterisiert dies einfach seinen Gegensatz zu dem Krieger Odin und zu dem impulsiven Loki.

Vermutlich aufgrund seiner Priesterfunktion findet sich Hönir nach dem Ragnarök wieder in der neuen Welt auf dem Idafeld ein.

II Hönir in der früheren germanischen Religion

In der Überlieferung findet sich Hönir nur in der Dreiheit „Odin, Hönir und Loki". Da Odin um 500 n.Chr. den ehemaligen Sonnengott-Göttervater Tyr abgesetzt hat und dessen Nachfolger geworden ist, könnte man vermuten, daß diese Dreiheit vor 500 n.Chr. „Tyr, Hönir und Loki" gelautet hat.

Es stellt sich die Frage, ob es eine Dreiergruppe von Göttern gegeben haben kann, in der zwei verfeindete Götter (Tyr und Loki) zusammen gewesen sind, doch auch Baldur und Hödur sind Brüder und Odin und Loki sind Blutsbrüder – es wäre also durchaus denkbar.

Neben „Odin, Hönir und Loki" hat es nach 500 n.Chr. in Uppsala, wo der schwedische Haupttempel gestanden hat, auch die Dreiheit „Thor, Odin und Freyr" gegeben, die jedoch eine spätere Version zu sein scheint, da hier einfach die drei wichtigsten schwedischen Götter zusammengefaßt worden sind.

Hönir wird auch vor 500 n.Chr. der Priestergott gewesen sein. Es ist anzunehmen, daß zu dieser Zeit die Bedeutung des Hahnes als Seelenvogel des damaligen Sonnengott-Göttervater Tyr, der am Morgen die Sonne, d.h. den wiedergeborenen Tyr begrüßt, noch deutlich bewußter gewesen sein wird.

Da es an weiteren Anhaltspunkten fehlt, lassen sich die Ansichten der Germanen über den Gott Hönir aus der Zeit vor 500 n.Chr. leider nicht rekonstruieren. Hönir wirkt jedoch in der Dreiheit „Odin, Hönir und Loki" recht archaisch – wie ein altes, übernommenes Motiv, das dazugehört, auch wenn es kaum noch eine Funktion hat. Daher ist Hönir recht sicher keine neue Gestalt, die erst um 500 n.Chr. im Zuge der Absetzung des Tyr durch Thor und Odin entstanden ist.

Hönir tritt fast ausschließlich in der Dreiergruppe „Odin, Hönir und Loki" auf. Es läßt sich daher möglicherweise auch durch die Betrachtung dieser Gruppe etwas über die frühere Geschichte des Hönir herausfinden.

Diese drei Asen treten in fünf Szenen auf:

1. die Erschaffung der beiden ersten Menschen
    - die Vision der Seherin
    - Gylfis Vision
2. das Opfer an den Göttervater Tyr
    - Skaldskaparmal
    - Haustlöng
3. der Beginn des Ring-Fluches
    - das zweite Lied über Sigurd Fafnir-Töter
    - Völsungensaga
    - Skaldskaparmal

4. Hönir als Geisel bei den Wanen
- Gylfis Vision
- Ynglingatal
5. undifferenziert (späte Texte)
- Huldar-Saga
- Loka Tattur

Dazu kommt noch Hönirs Wiedergeburt nach dem Ragnarök, das in der Vision der Seherin beschrieben wird.

In der Schilderung der Erschaffung der ersten beiden Menschen gibt es keinen deutlichen Anhaltspunkt dafür, welche Rolle Hönir früher gespielt haben könnte oder dafür, ob er von den Nordgermanen oder von den Südgermanen oder von beiden stammt.

In der Schilderung des Opfers an Tyr (Thiazi) erscheint Tyr als Feind der drei Asen. Dies sieht zunächst einmal so aus, als ob Hönir zu Odin gehören würde und daher von ihm von den Südgermanen mitgebracht worden sei. Aber dies ist keineswegs sicher, da die Dreiergruppe von Odin, Hönir und Loki sich auch kurz nach 500 n.Chr. gebildet haben könnte und nun als bereits festes Element Teil der Umdeutung des ehemaligen Göttevaters Tyr zu einem bedrohlichen Riesen geworden ist.

Die Ereignisse in den Erzählungen über den Beginn des Ring-Fluches aus der Völsungen- und der Nibelungen-Sage finden in der Völsungen-Saga vermutlich bei den Nordgermanen statt und in der Nibelungen-Saga bei den Südgermanen. Da Hönir jedoch nur als „Statist" in der Eröffnungsszene auftritt, läßt sich auch hier nicht auf eine feste Verbindung des Hönir zu den Nord- oder Südgermanen schließen.

Hönir als Geisel bei den Wanen ist eine Szene, die zumindestens erkennen läßt, daß Hönir zu den Asen und nicht zu den Wanen gerechnet worden ist. Leider lassen sich auch die Asen und die Wanen nicht einfach den Süd- und den Nordgemanen zuordnen, auch wenn der Kampf zwischen diesen beiden Göttergruppen evtl. eine Erinnerung an die Übernahme des nordgermanischen Asgard-Thrones durch Odin enthält.

Die späten Texte enthalten ebenfalls keine neuen Informationen.

Man könnte argumentieren, daß es unwahrscheinlich ist, daß die Nordgermanen einen solchen weitgehend konturlosen Gott wie Hönir, der kaum eigene Handlungen zeigt, aus dem südgermanischen Götterkreis übernommen haben – aber auch dieser Ansatz ist nicht verläßlich, da Odin, Hönir und Loki bei den Südgermanen eine feststehende Gruppe gewesen sein könnten, die dann als Ganzes in die nordgermanischen Mythen übernommen worden ist. Beweisbar ist diese Möglichkeit aber ebenfalls nicht.

Somit bleibt die frühere Geschischte des Hönir fast völlig im dunklen.

III Hönir in der indogermanischen Überlieferung

Es gibt bei den Indogermanen einige „göttliche Priester" wie die indischen Götter Agni, Tvashtar und Brihaspati, aber es läßt sich keine durchgehende Entwicklung eines solchen Motivs feststellen. Es ist eher so, daß immer wieder einmal einer der Götter der indogermanischen Völker in dem betreffenden Pantheon auch die Priesterfunktion eingenommen und dann auch diesen der drei Stände bei den Menschen verkörpert hat.

Im Gegensatz zu dem Priester ist der Schamane ein Motiv, das sich durch die Jahrtausende gut verfolgen läßt.

IV Hönir in der jungsteinzeitlichen Überlieferung

Aus dieser Zeit läßt sich nur eine Parallele aus den altägyptischen Mythen berichten: Die Ägypten faßten das allmorgendliche Geschrei der Paviane als eine Begrüßung der wiedergeborenen, aufgehenden Sonne auf – so wie die Germanen das Krähen der Hähne als Sonnengruß interpretiert haben.

V Die Biographie des Gottes Hönir

Da sich das heutige Wissen über Hönir auf die Zeit von 500-1200 n.Chr. beschränkt, läßt sich keine Biographie des Gottes Hönir verfassen.

VI Das Aussehen des Hönir

Über das Aussehen des Hönir läßt sich deutlich mehr als über seine Biographie sagen.

Er ist ein Priester-Gott und wird daher Priesterkleidung tragen – also ein langes Gewand, zu dem zumindestens um 1000 v.Chr. auch noch eine Kapuze gehört hat. In der späteren Überlieferung gehören zudem Stab, Gürtel und Handschuhe zu der Kleidung der Priester.

Hönir steht unter dem Weltenbaum (Eiche oder Esche) an einer breiten Steinplatte, die als Altar dient. Auf dem Altar liegt ein geopferter Stier, vor oder neben dem Altar steht ein Kessel auf einem Feuer, in dem der Stier gekocht wird, und auf dem Baum sitzt der Seelenvogel-Adler des Tyr, dem das Opfer geweiht ist.

Evtl. steht hinter dem Weltenbaum auch das Hügelgrab des Tyr, in dem der Sonnengott-Göttervater des nachts weilt. Dann könnte der Adler auch auf diesem Hügelgrab sitzen, das auch „Adler-Klippe" genannt worden ist.

Statt des Adlers könnte auf dem Baum auch ein goldener Hahn sitzen, der ebenfalls die Seele des Tyr darstellt.

Weiterhin könnte auf dem Steinplatten-Altar oder unter dem Weltenbaum der sprechende Schädel des Tyr-Mimir liegen, mit dem der Priester spricht – dabei wäre er in Trance, d.h. er führt ein Utiseta (Jenseitsreise) durch.

Es ist fraglich, wie man Hönirs „Schritte", seine „Schnelligkeit" und seine „langen Füße" als Bild darstellen könnte, da sie im übertragenen Sinne gemeint sind. Am ehesten könnte Hönir im Schneidersitz vor dem Altar sitzen und innerlich ins Jenseits reisen – so wie der Priester auf dem Kulteimer aus dem Schiffsgrab von Oseberg.

Unter dem Weltenbaum könnte die Urd-Quelle entspringen, auf der, wie in der Völuspa berichtet wird, Schwäne schwimmen – die Seelenvögel und vermutlich zugleich auch die Tiere des Hönir.

Außerdem könnte unter dem Weltenbaum auch noch ein Kessel mit Met stehen – evtl. unter der Obhut des Kvasir.

Hönir wird meistens von Odin und Loki begleitet worden sein – in früherer Zeit vermutlich von Tyr und Loki.

Hönir singt vor dem Weltenbaum eine Hymne an die aufgehende Sonne, d.h. eine an den wiedergeborenen Tyr gerichtete morgendliche Sonnenhymne. Dabei hört man in der Ferne Hähne krähen.

Diese Sonnen-Anrufung wird an zwei Stellen in der germanischen Überlieferung beschrieben:

Havamal: Sonnenanrufung

Ein fünfzehntes kann ich, das Volkrast der Zwerg
sang vor den Toren des Tages:
den Asen zur Stärkung, den Alben zum Gedeihen,
Mir selber, Odin, gibt sie Weisheit und klare Sinne.

Sonnen-Lied: Sonnen-Anrufung

Dieses Lied, / das ich Dich lehrte,
Sollst Du vor dem Volke singen:
Das Sonnenlied / wird selten wohl
Den Leuten zu lügen scheinen.

    Der Priester sang die morgendliche Sonnenanrufung offensichtlich nicht alleine, sondern vor den versammelten Männern und Frauen, zu deren Gemeinschaft er gehört hat. Dies könnten auch die Asen und Asinnen von Asgard sein …

    Bei der Anrufung der Sonne könnte der Priester-Gott Hönir evtl. selber leuchten und auf diese Weise der „Licht-König" sein – was dann zugleich eine Anrufung des Tyr und eine Invokation (Identifizierung mit einem Gott) wäre.

    Hönir ist auch ein Seher, weshalb unter dem Weltenbaum auch Männer und Frauen aus dem Dorf, zu dem dieser Altar gehört, stehen und Hönir um Rat und Hilfe bitten. Hönir spricht dann für sie mit deren Ahnen und mit den Göttern – also mit den „Asen und Alfen".

    Es ist auch gut denkbar, daß die Asen selber Hönir um Rat und Hilfe gebeten haben, auch wenn dies nicht überliefert worden ist.

VII Der Weg zu Hönir

Der Weg zu Hönir ist eindeutig: Er besteht in der Ausübung von priesterlichen Tätigkeiten, wozu aber auch jede Art von therapeutischen und heilerischen Berufen zählt. Insbesondere passen natürlich Traumreisen und Familienaufstellungen zu dem Gott Hönir, da Traumreisen eine Form des Jenseitskontaktes sind und Familienaufstellungen das Verhältnis eines Menschen zu seinen Ahnen klären. Der Spiritismus ist wie die Familienaufstellungen eine Möglichkeit, zu den Ahnen Kontakt zu erhalten. Eine weitere Möglichkeit ist die Hilfe für Geister in Spukhäusern – woran allerdings kein allzugroßer Bedarf besteht.

VIII   Hymnen an Hönir

Die folgenden Verse stammen nicht aus der germanischen Überlieferung, sondern sind eigene Dichtungen. Sie sollen vor allem der Konzentration auf Hönir vor Meditationen und in Ritualen dienen – sie sind also keine Kunst, sondern eher „Gebrauchs-Lyrik" sowie eine poetische Zusammenfassung der bisherigen Betrachtungen.

Bitte um Heilung

Hönir, Hahn des Yggdrasil,
meine Frau ist krank und voller Kummer,
sie braucht bald Heilung;
Hilf ihr, Hönir, Heiler der Asen!

Ruhmreicher Priester der Regin,
meine Frau liegt auf ihrem Lager,
sie ist schwach und ihr schwindelt;
Hilf ihr, Hönir, Heiler der Asen!

Siegreicher Sänger der Götter,
meine Frau ist in Not und liegt darnieder,
sie ist müde und matt mit flachem Atem;
Hilf ihr, Hönir, Heiler der Asen!

Scheinender, Schneller Ase,
meine Frau ist trostlos, trüben Sinnes,
ihr Herz ist ohne Hoffnung;
Hilf ihr, Hönir, Heiler der Asen!

Strahlender Sonnen-Freund,
meine Frau schwankt, sie schwindet,
ihre Seele will sie verlassen;
Hilf ihr, Hönir, Heiler der Asen!

Sonnen-Freund: Hönir ruft den Sonnengott-Göttervater Tyr an

Bitte, ein Priester werden zu dürfen

Jüngling:
„Hönir, Heidrek, Aurkonungr,
Ich will ein Priester werden,
die Sonne und den Segen rufen
für die Menschen, die Asen und die Alfen."

Hönir:
„Hast Du den Mut, ins Jenseits zu reisen?
Von den Menschen in Midgard
zu den Tälern der Toten zu gehen
und weit draußen und unten Utgard zu suchen?"

Jüngling:
„Schön-lockiger Schwanen-Ase,
Ich bin beim Sturz vom Pferd beinah' gestorben,
ich schwebte als Seele über mir,
ich habe das Trauer-Tor zu Niflheim gesehen."

Hönir:
„So weißt Du, wovon Du sprichst.
Doch warum willst Du die Sonne rufen,
und Segen heilsam sprechen?
Warum wählst Du diesen Weg?"

Jüngling:
„Vielwissender Vertrauter des Tyr,
Ich möchte die weite Welt ergründen,
Ich möchte die Menschen glücklich sehen,
deshalb will ich ein weiß-gewandeter Priester werden."

Hönir:
„Du hast Dich in den Heiligen Hain gewagt,
Du kennst das Toten-Tor,
doch kannst Du Lieder lernen,
das Wissen der Weisen bewahren?"

Jüngling:
"Leben-fördernder Langfuß,
Ich kenne die Ahnen-Lieder und kann sie singen,
und ich will alle Verse verstehen
und alle Strophen sicher lernen."

Hönir:
"Willst Du auch die Gabe der Götter brauen?
Willst Du für das Heil der Hohen sorgen?
Willst Du das Leid der Menschen lindern?
Willst Du innen im Licht der Asen leuchten?"

Jüngling:
"Heiler der Asen im hohen Asgard,
das ist es, was ich in meinem Leben will,
wohin ich von ganzem Herzen wandern will,
warum ich durch den Fluß zu Dir gewatet bin."

Hönir:
"Dann folge mir zum Baum des Bundes,
zum Stein der südlichen Sonne,
zum alten Adler-Hügel,
um Tyr am Tor nach Asgard zu befragen."

Hönir:
"Sonne, Vater, Dein Diar sucht nach Dir,
Surtur mit dem Sonnen-Schwert,
leuchtender König des Lichtes,
komme zu uns nach Midgards Mitte!"

Tyr:
"Ich höre Dich, Hönir,
Ich sehe Dich, Schnellfuß,
Ich grüße Dich, Gaben-Geber,
Sprich zu mir, Späher-Seher!"

Hönir:
„Dieser Jüngling will ein Priester werden,
er sucht den weiten Weg zur Sonne,
er will Lieder lernen und das Bier der Götter brauen,
er will vor Dich in Deinem Tempel treten."

Tyr:
„Willkommen weit-gewanderter Jüngling!
Ich sehe die Burg in Deiner Brust,
öffne das Tor, bereite mir ein Mahl,
und laß mich den Hauch in Deiner Halle sehen!"

Jüngling:
„Du bist mir willkommen, weiser Ase,
Die goldene Tafel ist für Dich gedeckt,
Der milde Met ist eingeschenkt,
Das flammende Feuer ist entfacht."

Hönir:
„Ich sehe den alten Asen-Adler,
er senkt seine segnende Kralle,
er öffnet schreiend seinen Schnabel,
er füllt Dich mit dem Schein der Sonne!

Willkommen, Jüngling, bei Jörmun-Sol,
Wieland gewährt Dir Deinen Wunsch,
Du wirst ein Priester werden,
wenn Du die Jenseits-Wege gehen kannst."

Heidrek = „Licht-König", ein Beiname des Tyr
Aurkonungr = „Licht-König", ein Beiname des Tyr und des Hönir
Vertrauter des Tyr = der Priester (Hönir) ruft den Sonnengott-Göttervater Tyr jeden Morgen zurück nach Midgart
Gabe der Götter = Ritual-Met
Hohe = Asen
Baum des Bundes = Weltenbaum („bönd" = Götter, Bund der Menschen mit den Asen)
südliche Sonne = Tyr als Mittags-Sonne im Süden

Adler-Hügel = Hügelgrab des Sonnengott-Göttervaters Tyr (in dem er in der Nacht und im Winter ruht)
Diar = Tyr-Priester, allgemein Priester
Mitte von Midgard = der Ort, an dem der Weltenbaum und in symbolischer Hinsicht jeder Tempel steht
Bier der Götter = Ritual-Met
Brust-Burg = Herz
Halle = Herz;
Hauch in der Halle = Seele und sekundär auch der Wille, die Gefühle, die Erinnerungen und die Gedanken
Tafel im Herzen = Altar; hier die innersten Absichten; gedeckte Tafel = Hingabe, Entschlossenheit
Met im Herzen = Ritual-Met; hier die Entschlossenheit des Jünglings
flammendes Feuer = Begeisterung, Wille
Alter = Adler, Seelenvogel des Tyr
Jörmun-Sol = „Große Sonne" = Tyr
Wieland = Tyr im Jenseits

Odin, Hönir und Loki

Über Odin und Loki wird in der Lokasenna berichtet, daß sie Blutsbrüder sind. Dies ist die einzige Blutsbrüderschaft unter den Asen. In der Lokasenna spricht Loki: *„Gedenkt Dir, Odin, wie in Urzeiten wir / Das Blut mischten beide? / Du gelobtest, nimmer Dich zu laben mit Trank, / Würd' er nicht uns beiden gebracht."*

Das folgende Lied spielt um ca. 450 n.Chr., als Tyr noch der Göttervater der Nordgermanen gewesen ist und Odin der Göttervater der Südgermanen.

Odin:
*„Folge mir, Hönir, Ase der Hähne,
ich brauche hurtig Deine Hilfe
– und sei schweigsam, schneller Ase,
nur in der Stille entsteht das Große."*

Hönir:
*„Was willst Du tun, Regin-Rater?
Wohin wandern wir allein?
Zu Yggdrasil, zur Irminsul?
Was ist Dein Begehren, Gestumblindi?"*

Odin:
*„Warte, wir werden hier nicht alleine weilen,
noch ein Gast wird von Utgard kommen,
ein Bewohner der Jenseits-Berge
– schau, da naht er schon."*

Loki:
*„Weiten-Wanderer, Jenseits-Kenner,
warum hast Du mich herbeigerufen?
Und was soll der alte Asen-Priester hier?
Listenreicher, was ist mein Lohn?"*

Odin:
*„Du kämpfst jedes Jahr mit Tyr,
besiegst den Schwertgott,
rufst immer wieder den Winter,
schneidenden Wind und Schnee.*

*Bis der Diar wieder Dich besiegt
und den Sommer erschafft,
und Eis schmilzt und schwindet,
Blumen, Bäume, Felder blühen.*

*Willst Du nicht ein Ende dieses Waffen-Lärmes?
Willst Du nicht der Herr und Sieger sein?
Für immer gefeit gegen den Finger des Tyr?
Würde Dich der Lohn nicht locken?"*

  Loki:
*„Du versprichst mir viel, Valfödr,
kann ich Dir trauen, Thundr?
Was ist Dein Vorteil, Vafudr?
Planst Du Verrat, o Vidur?"*

  Odin:
*„Ich will der Asen-König in Asgard sein,
dort, wo jetzt der Sonnenschwert-Gott herrscht.
Wir wollen dasselbe: seinen Sturz.
Darum sollten wir zusammen siegen."*

  Loki:
*„Wie kann ich Dir trauen, Trügerischer?
Erst Tyr, dann ich? Ist die Tat in Deinem Herzen?
Lieber neun Monde mein und drei sein
als niemals mehr der König Nidud sein!"*

  Odin:
*„Ich ahnte, daß Du mir nicht glaubst,
drum bin ich mit Hönir hergekommen;
ich biete Dir, Brüder zu werden,
Blut mit Blut im Eid zu mischen."*

  Loki:
*„Ach, dafür ist der Schwächling da!
Ich sehe, Du hast die List schon recht bedacht!
Ich bin dabei. Ich kämpfe neben Dir.
So laß Hönir seine Sprüche sprechen!"*

Hönir:
„Höre mich, Jörd, höre, Mutter Erde.
Ich löse den Gras-Soden vom Grund,
den langen Streifen von der Haut des Landes,
daß er zum geweihten Toten-Tor werde.

Odin, reich' mir den glänzenden Gungnir her,
den Runen-beschriebenen Rater-Stab,
daß ich mit ihm den sandigen Soden erhebe,
ein Mann hoch, zwei Männer breit.

Odin, nimm diesen Dolch
und ritze Deine hürnene Hand,
lasse das Blut zu Boden tropfen,
in dem Eingang zur Erde.

Loki, nimm mein Messer,
schneide Dich unter Deine flinken Finger,
daß das Rote niederrinnt
und Teil der schönen Skadi wird.

Kniet euch nieder unter dem Tor der Nott
legt eine Hand auf Herche,
die euer beider milde Mutter ist,
reicht euch rasch die andere Hand.

Nun sprecht, was ihr versprechen wollt.
Mutter Jörd lauscht jedem von euch.
Die Asen und die Alfen werden eure Worte wissen,
wenn ihr gleich unter das Erdband geht."

Odin:
„Ich, Odin, werde keinen Trank mehr trinken,
der nicht auch Loki laben wird.
Ich werde ihn rächen wie meinen Bruder
wenn ihn jemand bedroht und bedrängt."

Loki:
"Ich, Loki, werde keine Speise kosten,
die nicht auch Odin nähren wird.
Ich werde ihn rächen wie meinen Bruder
wenn ihn jemand bedroht und bedrängt."

Loki:
"Dann komm, laß uns den Kampf beginnen!
Auf nach Asgard, zu dem Asen mit dem Schwert!
Möge er auf immer das Licht des Tages missen
und in heimatlos in der Hel verhungern!"

Odin:
"Wir werden gemeinsam mit Thor gegen ihn gehen,
ihn entthronen, vor die Türe setzen,
der Gott des Hammer wird mit uns sein Heim erstürmen
und wir werden ihm Tempel und Totentor nehmen.

Heute Abend beim Mahl von Midgards Herrscher,
wird sein Schwert schallend zerbersten,
wird er gellend vom Thron gestoßen,
werd' ich Asgards Asen-König werden!"

Regin-Rater = Odin; Odin ist der Ratgeber der Regin (= Götter)
Irminsul = Weltensäule
Gestumblindi = „blinder (einäugiger) Gast" = Odin
Jenseits-Berge = Hügelgräber, Unterwelt
Listenreicher = Odin; sowohl Odin als auch Loki sind listige Götter, auch wenn sie ein verschiedenes Temperament haben
Diar = Tyr
Tyrfinger = Name des Tyr-Schwertes
Valföðr = „Walvater" = Vater der in der Schlacht Getöteten
Thundr = „Mächtiger" = Odin
Vafuðr = „Wind" = Odin
Vidur = „Töter" = Odin
Sonnenschwert-Gott = Tyr
neun Monde = Loki herrscht in den neun Wintermonaten, Tyr in den drei Sommermonaten
Nidud = „der in der Tiefe (Unterwelt)" = Loki

Gungnir = „Schwankender" = Odins Speer

Eingang zur Erde = die freiliegende Erde unter dem Grassoden-Tor

Skadi = Erdgöttin, Landesgöttin von Skandinavien

Nott = Göttin der Nacht und des Jenseits

Herche = Erdgöttin

unter das Erdband gehen = Redewendung für „Blutsbrüder werden" (Erdband = der emporgehobene Grassoden)

Hammergott = Thor

Midgards Herrscher = Tyr (bis zu seiner Absetzung)

Priester-Streit

Atli ist der halb-mythologische Priester des Tyr, Hermod der des Odin, Thialfi der des Thor, Skirnir der des Freyr und Röskwa die Priesterin der Sif. Diese vier sind die Priesterschaft des Tempels von Uppsala, in dem Thor, Odin und Freyr die Hauptgötter gewesen sind und in dem auch Thors Frau Sif verehrt worden ist.

Der halb-mythologische Priester des Loki hieß Franmar und die beiden Priesterinnen/Dienerinnen der Frigg Gna und Fulla.

Atli Tyr-Priester:
„Hermod Hel-Reiter, Hyrrokkin-Freund,
dies ist nicht Dein Tempel, nicht Dein Gaben-Tor;
hier in den Tiefen von Uppsala herrschte Tyr,
bevor ihr Räuber kamt und den Thronsitz nahmt."

Hermod Odin-Priester:
„Was jammerst Du, Reiter des Riesen?
Niemand kennt Dich, gibt noch von Dir Kunde!
Odin war listiger – und auch Loki ...
Dein Kessel ist fort, Dein Kelch zerbrochen."

Thialfi Thor-Priester:
„Thor war der tüchtige Sieger, nicht sein Vater;
Thor erschlug den Riesen und die Hel;
Thors Hammer vernichtet alle, die ihn hindern –
Thor ist der Herr, der Herrscher!"

Röskwa Sif-Priesterin:
„Wahr sprecht ihr wohl, Hermod und Thialfi
doch nicht alles ist gut, was geschah:
Ich stehe im Schatten und strahle nicht mehr,
ihr habt viel genommen, aber nicht viel gegeben."

Skirnir Freyr-Priester:
„Es ist fast alles wie zuvor: Freyr ist der Felder-Ase,
Durch Freyr stehen alle Äcker unter Asgard Schutz.
Ob Tyr, ob Odin, ob Thor – ihr braucht Speise,
ihr wollt Reichtum – und die reicht er euch."

Atli Tyr-Priester:
"Ihr habt geraubt, nun droht euch Rache:
Wenn ich nun Draupnir raube, den Sonnen-Ring,
und ihn verberge in den tiefsten Verliesen der Hel –
was tut ihr dann? Dämmern in der ewigen Nacht!"

Hermod Odin-Priester:
"Das kannst Du nicht, Du drohst nur kraftlos,
Odins Ring zu rauben gelingt Dir nie!
Odin ist der Weisheits-kundige König,
er ist stärker als Du, Düsterwald-Geselle!"

Thialfi Thor-Priester:
"Ich hole Thor, er wird Dich mit dem Hammer schlagen,
mit seinem Waffen-Eisen in die Erde rammen,
Deinen Schädel spalten, Deinen Himmel ganz zerhauen,
wenn Du nicht schweigst und hier verschwindest!"

Atli Tyr-Priester:
"Wie wollt ihr ohne Sonnen-Leuchten leben,
wenn sie in Sinmaras eherner Kiste ruht
wie im Winter Baldurs Todes-Zweig?
Wie wollt ihr Hyrrokkins Halle öffnen?"

Röskwa Sif-Priesterin:
"Wenig weise wähn' ich eure Worte!
Wie wollt ihr ohne die Früchte der Felder leben?
Ihr werdet allesamt verderben, sterben,
Wenn ihr die Sonne in der Nacht verbergt!"

Franmar Loki-Priester:
"Leere Drohung, Franmar! Lautes Dröhnen ohne Kraft!
Du bist nur noch ein Sklave der Siegers Odin!
Ein Priester ohne Tempel, ein Gode ohne Gott!
Ein Hund ganz ohne Zähne, doch mit viel Zähren!"

Fulla Frigg-Priesterin:
"Was singt ihr hier die Rache-Runen?
Warum führt ihr lauten, langen Streit?
Laßt die Dinge alle, wie sie sind:
Krieg bereitet Trauer und bringt Tod!"

Skirnir Freyr-Priester:
"Hört auf Fulla, sie bringt Frieden,
und nur Frieden bringt Gedeihen, gibt uns Gaben;
Krieg und Kampf zerstört nur, was wir haben,
darum schweigt nun und seid wieder weise."

Atli Tyr-Priester:
"Den Diener des Diar, des Asen des Schwertes,
mit Worten wieder vertreiben? Nein!
Den Priester des Gottes des Sonnen-Schiffes
mit Drohungen verdrängen? Nein!"

Hermod Odin-Priester:
"Laßt ihn klagen, was kümmert er uns Priester?
Er war einmal, er ist nicht mehr, sein Herr ist tot.
Leeres Kläffen eines Köters – nicht des Hörens wert –
und wenn's zuviel wird: Wozu gibt es Speere?"

Atli Tyr-Priester:
"Ich werde jetzt gehen, ich kenne Sinmara gut!
Und ihr kennt Hel, die Hüterin der Mistel ...
Wir werden sehen, was ihr sagt und wie ihr weint,
wenn die Sonne nicht mehr leuchtet, nicht mehr scheint!"

Röskwa Sif-Priesterin:
"Wollt ihr euch alle selbst erwürgen und vernichten?
Wollt ihr Jörmungandr jede Herrschaft geben?
Das wird's sein, was ihr erreicht!
Laßt uns lieber Hönir rufen, den Asen-Priester!"

Atli Tyr-Priester:
„Hönir ist ein guter Heiler und ein guter Helfer,
er war einst des Diar Freund,
und er ist ein weiser Rater für die Regin.
Ich will hören, was er heute zu uns sagt."

Hermod Odin-Priester:
„Hönir ist des Grimnir Gefährte,
er ist des Gautar Geselle:
Er wird nicht zu Gunsten des grimmen Atli handeln,
Ich will sehen, was er an Wegen sieht."

Thialfi Thor-Priester:
„Es ist schon alles entschieden: Thor vertrieb den Tyr.
Doch wenn ihr den Hahnen-Hüter hören wollt ...
Tor hält den Hammer und er schwingt ihn gerne hoch –
Wenn ihr's wollt, dann soll der Ängste-Ase kommen!"

Hermod Odin-Priester:
„Dann gehe ich jetzt Hönir holen.
Ich kenne die Wege nach Walhall
und ich kenne Kjalarr, dessen Herrn –
dort wird auch Hönir weilen."

Gna Frigg-Priesterin:
„Bisher hab' ich geschwiegen, nur geschaut
auf eure Torheit, eure Todes-Pläne,
doch nun ist es genug, ich werde gehen;
Du, Hermod, willst nur Hönir zu Dir zieh'n!"

Hönir Asen-Priester:
„Ihr habt mich gerufen, Gna hat mich gebeten,
rasch zu euch zu kommen, euch zu raten.
Was ist eure Frage? Eure Klage? Euer Streit?
Laßt mich hören, was hier euer Hader ist."

Thialfi Thor-Priester:
„Es gibt nichts zu ändern, Es ist alles so wie's ist!
Wir brauchen keinen Rat, nur Atlis rasches Schweigen –
Und dafür schiene mir der Hammer doch das Schnellste!
Ich denke, Du hast seine Hiebe schon gesehen."

Atli Tyr-Priester:
„Ich verlange Rache für des Sonnen-Raters Erbe;
Ich will Wergeld für Vakrs Rauben des Sonnenschwerts;
ich verlange Thron und Tempel jetzt für Tyr!
Sonst werde ich die Sonne sinken lassen – ohne einen Morgen!"

Hermod Odin-Priester:
„Odin ist nun Asgards einziger Allvater.
Odin hat den Mut und hat die Macht.
Odin ist Walhallas Walter und sein Herr.
Odin Wort ist das, was prägt und wirkt."

Röskwa Sif-Priesterin:
„Hönir Asen-Heiler, bitte rate uns,
beende diesen Leiden-schaffenden Streit;
damit die Felder weiter fruchtbar sind
und alle in Lust und Liebe leben."

Hönir Asen-Priester:
„Ihr habt mich gerufen, denn jeder von euch Ratern
will der einz'ge Sieger sein. Das bringt Sorgen und den Tod.
Ich bin nicht der Krieger, ich bin Lebens-Künder.
Ich bin der Seher und schaue das, was war und das, was kommt.

Tyr weiß das ebenso und auch Odin in Walhall.
Die Nornen beschließen Not und Tod,
und senden uns den Wind des Wandels.
Auch wir Asen folgen ihrer Fügung.

Tyr war der König und der Sonnen-Krieger,
nun ist er nur Siegvaters Sohn – mehr nicht ...
und auch Odins Ende wird kommen,
es ist wahr: Nichts währt alle Zeiten.

Es wird bald eine Zeit anbrechen,
in der wir alle uns're Sitze sehen, finden –
nicht nur wir, auch die Verehrten anderer Völker,
schaut auf die Vielfalt und die Fülle!

Ihr seid Priester, nicht mal große Götter ...
und selbst die Asen wandeln sich
und keiner der Regin ist die Krone über allem ...
aber alle gehören zum Ganzen.

Seid nicht Herren, seid ganz und gar ihr selbst!
Seid nicht Herrscher, sondern strahlender Teil!
Seid nicht Kaiser der Welt, sondern euer eig'ner König!
Das ist es, was ich sage: ich, der das Leben liebt."

Reiter des Riesen: Riese = Tyr im Jenseits; sein Reiter = Franmar als Schamane
Waffen-Eisen = Thors Hammer
Deinen Himmel = Schädel (Ymirs Schädel ist der Himmel)
Sinmara = Hel
Sinmaras eherne Kiste = Grabkammer im Hügelgrab
Baldurs Todes-Zweig = Mistel; sie liegt in einer eisernen Truhe bei Sinmara
Hyrrokkin = Hel; ihre Halle = Unterwelt, Hügelgrab-Grabkammer
Gode = Priester
Zähren = veraltet für „Tränen"
Diar = Tyr
Regin = „König" = Asen
Grimnir = Odin
Gautar = Odin
Hahnen-Hüter = abfällig für „Hönir"
Ängste-Ase = abfällig für „Hönir"
Kjalarr = Odin
Sonnen-Rater = der ehemalige Sonnengott-Göttervater Tyr
Vakr = Odin

IX   Traumreise zu Hönir

Ich lege mich hin, decke mich mit einer Wolldecke zu, schließe die Augen und entspanne mich.

Ich „taste" innerlich nach Hönir und spreche ihn an: „Hönir?"

Ich sehe schemenhaft die Ecke eine Holzhauses, es scheint ein Blockhaus zu sein, die grob behauenen Balken haben zum Teil noch Rinde. Das Bild ist ziemlich undeutlich – als ob es dunkel wäre.

Rechts sehe ich einen Misthaufen mit einem Hahn, aber ich glaube, das ist nur eine Assoziation … ich verfolge sie nicht weiter und blicke wieder auf die Holzwand.

Die Erde vor der Hausecke ist zum Teil lose – krümelige Erde.

Ich gehe an der Wand nach links weiter – ziemlich rohe Balken.

Eine Tür – an der Stirnseite eines Hauses? Das ist nicht germanisch …

„Hönir, ich möchte Dich gerne kennenlernen."

„Reiche mir Die Hand."

Ich gebe ihm meine rechte Hand. Seine Hand ist kräftig, aber hat keine Schwielen.

Er scheint einen goldenen Ring am Mittelfinger (Ringfinger?) zu tragen. Hatten die Germanen Fingerringe?

Hm, sein Gewand ist aber neuerer Stoff – so wie von heutigen Kirhengewändern. Ist das eine Erinnerung an meine Stickerlehre im Kloster?

„Hönir …" (Ich sage das, um noch einmal einen klaren Kontakt zu ihm aufzunehmen.)

Hönir hat einen Bart – dunkel, aber nicht schwarz.

Er nimmt mich, schiebt mich vor sich, mit dem Rücken zu ihm, nimmt mich an den Oberarmen, so als ob er mir etwas zeigen will.

Ich muß mehrfach tief seufzen, aber weiß nicht, warum.

Und ich denke, daß das eine merkwürdig zähe Traumreise ist … Warum?

Vor mir ist etwas. Es ist noch immer dunkel. Ich kann es nicht richtig sehen – ich fasse es an. Es fühlt sich an wie Haut. Warum kann ich es nicht sehen?

„Was willst Du mir da zeigen, Hönir?"

„Schau hin."

„Ich bin schon dabei … … … hm … … … "

Es ist wie Haut, aber auch wie Knochen, aber keine menschliche Gestalt … oder? Irgendwie zerstört oder beschädigt … Was ist das hier?

Ich habe diffus das Gefühl in einem Tempel zu sein und Richtung Altarraum zu blicken, aber ich bin mir da nicht sicher. Das Bild ist einfach nicht klar.

„Hönir, warum ist das Bild so unklar, so unscharf? Kannst Du mir das sagen?"

„Wasch Dir die Augen."

Ich wasche mir das Gesicht und vor allem meine Augen in der Vision mit kühlem, klarem Wasser. Da kommt der bisher tiefste Seufzer aus mir …

„Ich bin in etwas drinnen, wo ich rauskommen soll? Ich bin im Inneren eines Hügelgrabes? In einer Grabkammer? Ah, deshalb erkenne ich hier nichts. Und das ist ein Toter vor mir. – Hönir, was gibt es hier zu tun oder zu sehen für mich? Was willst Du mir zeigen?"

„Den Tod. So sieht der Tod aus. Und Du lebst. Du solltest den Tod kennen, wenn Du wirklich leben willst – damit Du nicht Deine Zeit vergeudest."

Noch ein sehr tiefer Seufzer …

„Ja … Da hast Du recht, Hönir. … Und nun?"

„Das ist das, was ich Dir zeigen wollte."

„Hm, Hönir, ich mache ja auch des öfteren Dinge, die auch ein bißchen Priester-artig sind … oder ich mache Beratungen, leite Feuerläufe oder Schwitzhütten. Gibt es irgendetwas, was Du mir dazu sagen kannst?"

Tue das, was Dein Herz Dir sagt."

Ein noch tieferer Seufzer …

„Ja, Hönir …"

„Und was sagt Dein Herz Dir?"

„Es gibt Gelegenheiten, wo eine Schwitzhütte genau das richtige ist … und es gibt auch Gelegenheiten, wo ein Feuerlauf das richtige ist … oder irgendein anderes Ritual … aber das ist nicht der Inhalt des Lebens, sondern Hilfen, richtig leben zu können."

„Und was willst Du leben?"

„Ich will Liebe und Freundschaft leben …"

Noch ein Seufzer … Das ist sonst auf diesen Reisen bei mir nicht so üblich …

„Und ja, ich möchte ganz heil sein. Und den Menschen, die mir lieb sind, wünsche ich auch, daß sie ganz heil werden. Einfach, damit diese Menschen glücklich sein können. Das ist etwas schwierig, solange man noch Wunden in sich trägt."

„Nun, das ist genau das, was ich tue, was die Aufgabe des Priesters und Heilers ist: Die Menschen aufzuwecken, wie der Hahn, wenn morgens die Sonne aufgeht. Die Leute aufzuwecken für sich selber." (Seufzer) „Genau genommen kann man sie nur selten wecken. Man kann sie dadurch wecken, daß man Vorbild ist. Manchmal ahnen sie dann, was sie sein könnten. Und wenn sie dann fragen, kann man manchmal helfen. Und es ist gut, wenn in der Gemeinschaft jemand da ist, der das machen kann. Das ist es, was der Priester und der Heiler ist. Und es ist egal, ob ich, Hönir, das bin oder der Hotra bei den Indern oder der Sem bei den Ägyptern oder welcher Priester auch immer. Die Aufgabe ist immer gleich; die Form ist verschieden, aber nicht die Aufgabe."

„Ja, ich glaube, ich neige sehr zu dieser Aufgabe. Aber ich glaube, daß ich noch nicht die ganze Weisheit habe, die man eigentlich bräuchte."

Tiefer Seufzer …

„Willst Du mir die Erlebnisse senden, die mir dabei weiterhelfen?"

Das tue ich schon. Zusammen mit Deiner Seele und noch einigen anderen, die Dir da helfen."

Der tiefste Seufzer bisher …

„Gibt es noch etwas, was Du mir zeigen oder sagen willst?"

Ich stehe auf einmal auf dem Hügelgrab, setze mich hin, ich sehe am Horizont die Sonne aufgehen.

Das ist es, worum es geht – daß in der Welt die Sonne aufgeht, und daß in jedem Einzelnen die Seele leuchten kann … oder wie ich das gerne ausdrücke: daß das Licht meiner Seele ungehindert durch meine Psyche nach außen in jeden Gedanken, jedes Gefühl, in jedes Wort und jede Handlung von mir strahlen kann, daß alle Verletzungen und Ängste in meiner Psyche geheilt werden, sodaß sie durchsichtig wird für das Licht meiner Seele.

Seufzer

„Danke, Hönir."

„Bitte. Du kannst gerne wiederkommen."

„Danke."

Puh …

Diese Traumreise ist deutlich persönlicher gewesen als die meisten anderen Traumreisen zu den Göttern der Germanen …

X Hönir heute

Die Bedeutung, die Hönir heute haben könnte, ergibt sich daraus, daß er der Priestergott ist und somit auch die Funktionen des Heilers, des Therapeuten und des Lehrers, des Forschers, des Historikers und des Dichter gehabt hat.
Für diese Tätigkeiten kann man Hönir um Rat und Hilfe bitten.

Verzeichnis der Themen

(die Zahl ist die Nummer des Bandes, in dem sich das Thema findet)

1 47	540 47	Alius 32	Aur 55
2 47	700 47	Alraune 45	Aurboda 35
3 47	800 47	Alsvatr 5	Aurgelmir 5
4 47	900 47	Alswid 34	Aurgrimnir 5
5 47	1.200 47	Althiof 7	Aurnir 34
6 47	10.000 47	Alvor 35	Aurvandil 20
7 47	432.000 47	Alwis 7	Aurwang 7
8 47	1+8=9=8+1 47	Alwit 31	Aurwang 48
9 47	**Adler** 40	Ama 35	Austri 32
10 47	Adler auf dem	Amboß 67	Auzon => Kiste
11 47	Weltenbaum 41	Amgerdr 28	Axt 66
12 47	Adler bei der	Ampfer 45	**Bafur** 32
13 47	Einweihung 40	Andad 34	Bakrauf 35
14 47	Adlergestalt:	Andhrimnir 39	Baldrian 45
15 47	- des Franmar 40	Andvari 7	Baldur 9
16 47	- des Hraesvelgr 40	Angantyr 39	Bara 35
17 47	- des Odin 40	Angeyja 35	Bari 6
18 47	- des Thiazi 40	Angrboda 26	Bari 20
20 47	Adler-Traum der	Ann 32	Baugi 5
22 47	Kostbera 40	Annar 20	Bär 43
23 47	Aelrun 31	Arm-Wunde 63	Bärenfell 62
24 47	Affe 44	Arngrim 6	Barke 49
28 47	Agdai 39	Apfel 45	Bärlapp 45
30 47	Ägir 10	Asen 36	Basilikum 45
32 47	Agnar 39	Asgard 52	Beifuß 45
33 47	Ahnen 36	Ask 39	Beinvidr 34
36 47	Ai 32	Aslaug 31	Bekkhild 31
37 47	Aki 6	Asperan 34	Beleidigungs-
40 47	Aki 16	Astralreise 50	Wettstreit 73
41 47	Alban 32	Asvid 6	Beli 5
46 47	Alberich 7	Atem 64	Beowulf 39
48 47	Albewin 7	Atla 35	Bergdis 28
72 47	Alcis 12	Atli 37	Bergelmir 6
80 47	Alf 6	Atward 20	Bergriese 6
90 47	Alf 32	Auchoff 34	Berg-Zwerge 32
99 47	Alfarin 34	Aud 20	Berling 32
100 47	Alfen 36	Auerhahn 40	Bertha 28
120 47	Alfhild 31	Auge 63	Berserker 62
300 47	Alfrigg 32	Augenbraue 63	Bertram 45

Bertramsgarbe 45
Besen => Stab
besonderer Schrei 64
Bestattung 64
Bestla 35
Betonica 45
Beyla 39
Biber 44
Biene 40
Bifröst 49
Bifur 32
Bikki 16
Bil 29
Bild 7
Billing 5
Billing 7
Bilsenkraut 45
Birkhuhn 40
Biört 29
Björgolfr 6
Björgulfr 34
Blain 33
Blapthvari 34
Blasebalg 67
blau 46
Blau-Menschen 36
Blau-Riesen 36
blau-schwarz 46
Blick 63
Blid 29
Blidur 29
Blind 16
Blindheit 63
Blodughadda 35
Blutsbrüder 55
Bödhild 28
Bogen 66
Bömbur 32
Bölthorn 5
Borr 34
Botewart 7
Both 20

Bragi 19
Bragi-Riesin 35
Brak 16
Brana 35
Brandingi 5
braun 46
Brenner 39
Brezel-Ornament 64
Brimir 33
Brisingamen 60
Brokk 32
Brombeere 45
Brücke 49
Bruderkampf 55
Brüngerd 35
Brünhild 31
Bruni 5
Bruni 32
Brünne 66
Brunnen 49
Buri 34
Bryja 35
Bryla 34
Bryngerd 28
Buri (Zwerg) 32
Buseyra 35
Byggvir 39
Byleist 20
Bylgia 35
Comandion 7
Dag 48
Dagfinnr 32
Dain 32
Dalar 32
Dalr 32
Delling 20
Delling 48
Dellingr 32
Delphin 44
Dietwarta 29
Disen 36
Distel 45

Diurnir 7
Dofri 34
Dolgtrasir 32
Donnerrebe 45
Dori 32
Dorn => Schlafdorn 55
Drachen 41
Drachenblut => Drachen
Drachenschiff 55
Drasian 6
Draupnir (Zwerg) 32
dreifarbiger Stein 67
dreiköpfiger Riese 5
drei Riesinnen 35
drei wahre Worte 64
Drifa 35
dritter Bruder 55
Dröfn 35
Drossel 40
Drudgelmir 5
Duf 32
Dufa 35
Dufr 32
Dulin 32
Dumbr 6
Dunneir 32
Durathor 32
Durin 32
Durnir 32
Durnir 34
Düsterwald 49
Dwalin 32
Eber 42
Eberesche 45
Edda (vollständig) 77
Efeu 45
Egdir 5
Egil 39
Ei 40
Eibe 45

Eiche 53
Eicheln 45
Eichhörnchen 44
Eid 68
Eik 28
Eikinskjaldi 32
Eimer 67
Eimgeitir 35
Eimyria 35
Einäugigkeit 63
Einheer 34
Einweihung 50
Eir 29
Eir 31
Eis 52
Eisa 35
Eisen 55
Eisenkraut 45
Eisriesen 34
Eistla 35
Eisurfala 35
Eiymyria 35
Ekstase-Kieger 62
Elch 42
Eldhrimnir 57
Eldir 39
Eldr 34
Elefant 42
Elendshaut => Hel-Haut
Else 35
Erde 52
Embla 28
Embla 39
Ente 40
Erce 20
Erdbeben 55
Erste Ursache 55
Eschenholzkasten => Kiste 57
Esel 42
Estroval 39

Eugel 7	Fiölvör 35	Frühlingstagund-nachtgleiche 54	Geitla 35
Eule 40	Fiörgyn 20	Fulla 29	Geitir 35
Eyrgjafa 35	Fiörgyn 23	Fullas Haarreif 60	gelb 46
Faden 55	Fisch 44	Fullafle 34	Geliebter der Gefion 6
Fafnir (Zwerg) 32	Fjölverkr 34	Fundin 32	Gerber-Schaber 67
Fährmann 49	Fjötra 29	Fuß 63	Gerdr 28
Fala 35	Flachs 45	Fylgia 50	Geri 43
Falkenkleid:	Flegda 35	Fynir 6	Gespenst 50
- der Freya 40	Fleur-de-lys 55	Fynir 34	Gestaltwandel => Verwandlung
- der Frigg 40	Fleggr 34	**Galar** 32	
Falke 40	Fliege 40	Galarr 34	Gesang 68
Fallar 32	Fluch 68	Galdr 64	Gestilja 35
Farbauti 6	Flügel des Wieland 40	Gallapfel 45	Getreide 45
Farn 45	Flügelschuhe 67	Gandalf 32	Gewöhnlicher Flachbärlapp 45
Farseti 6	Flugschuhe des Loki 40	Ganglati 34	
Faulheit => Feuersitzen 55	Fluß 49	Ganglot 6	Geysa 35
Feima 35	Frägr 32	Gangr 34	Gialar 32
Fenchel 45	Franmar 37	Gangr 33	Gift 70
Fenja 28	Frar 32	Gans 40	Gifur 43
Fenrir 6	Freki 43	Gänsefuß 45	Gigas 6
Fenrir 43	Freya 22	Garm 43	Gilling 6
Fernhypnose 64	frühe Skaldenlieder 78	Gautan 39	Gillings Frau 28
Ferse 63		Gautrek-Saga => Snotra	Ginnar 32
Fessel 66	Freyr 15	Geban 20	Ginnungagap 49
Fessel-Zauber 64	Fried 29	Geburts-Orakel 64	Gjalp 35
Feuer 55	Friedenszauber 6	Gefäße 57	Glamr 34
Feuersitzen 55	Fridr 29	Gefion 20	Glatundshundr 43
Feuerzauber 64	Frigg 21	Gefion-Geliebter 6	Glaumar 34
Fialar 32	Folde 20	Gefiun 20	Glaumarr 34
Fid 32	Fonn 34	Gefjon 20	Glaumr 6
Fieberkraut 45	Forat 35	Geist 50	Glenr 48
Fili 32	Forelle 44	Geier 40	Glitni 5
Fimafeng 39	Fornjotr 6	Geirahöd 31	Glöd 35
Fimbulwinter 55	Forseti 19	Geiravör 31	Gloi 32
Finger 63	Frosti 32	Geirdriful 31	Glück 64
Finnalf 5	Frosti 34	Geirönul 31	Glückstrank 70
Finnar 32	Fruchtbarkeit 64	Geirröd 5	Glumra 35
Finnmark-Riese 34	Fuchs 43	Geirrota 31	Glymra 35
Fiölkald 34	Frauenhaarfarn 45	Geirskögul 31	Gna 29
Fiölmor 39	Frühling 54	Geitir 6	Gneip 35
Fiölnir 20			Gnepja 35

Goi 34	Grotunagard 52	Har 32	Hel-Haut 49
Gold 55	grün 46	Hära 35	Helidi 27
Goldalter 55	Gryla 35	Hardbeen 6	Hellebarde 66
Goldemar 7	Gudr 31	Hardgreip 35	Helreginn 5
golden 46	Gudrun 31	Hardgreipir 34	Helm 66
Goldhelm 66	Gudmund 5	Hardverkr 34	Hengikefta 35
Goldhörner von Gallehus 57	Gullnir 5	Harek Eisenkopf 6	Hengiköpt 6
	Gullveig 29	Harfe 57	Hengjankapta 35
Göll 31	Guma 35	Harz 45	Hepti 32
Golnir 5	Gundelrebe 45	Hase 44	Herbst 54
Göndul 31	Gunn 31	Hasel 45	Herbsttagundnacht-gleiche 54
Gorr 34	Gunnlöd 28	Hastingi 34	
Görsemi 29	Gunnthinga 31	Hati 5	Herche 20
Götter 36	Gürtel 60	Hati 43	Herdentiere 42
Götterdämmerung 55	Gusir 6	Hattatal 77	Herdentierfell 42
Götterkampf 55	Gygr 35	Haudr 20	Herfjötur 31
Göttermet 69	Gylfaginning 77	Haugspori 32	Hergrim Halbtroll 5
Götter-Tiere 44	Gyllir 5	Haym 34	Hergunnur 35
Gottesurteil 64	Gyllir 34	Hecht 44	Heri 32
Gurgelbiß 55	Gyma 20	Hedin 39	Herja 31
Grab 49	Gymir 5	Hedin und Högni 79	Herkir 6
Grani 6	**Haarband** 60	Hefring 35	Herkja 35
grau 46	Haare 63	Heid 35	Hermodr 37
Grendel 5	Habicht 40	Heiddraupnir 5	Hertha 28
Grendels Mutter 35	Hafle 34	Heide 49	Hervor => Heidrek
Greppur 34	Hafli 5	Heidrek 39	Hervor und Heidrek => Heidrek
Grer 32	Hafthi 39	Heidungi 6	
Grid 28	Hagen 16	Heilige Hochzeit => Wiederzeugung 55	Herz 63
Grid 35	Hahn 40		Hexe 58
Grim 5	Hala 35	Heiliger Hain = Weltenbaum 52	Hianka 31
Grim 39	Halfdan 39		Hidde 34
Grima 35	Halfdan Brana-Ziehsohn 79	Heilung 64	Hild 31
Grimhild 31		Heilziest 45	Hildolf 5
Grimling 5	Halfdan Eisteinson 79	Heimdall 8	Hildolf 20
Grimnir 5	Hamdir 39	Heimir 39	Himingläva 35
Grim Struppig-Wange 79	Hamingja 50	Heinir 34	Himmel 52
	Hammer 66	Heith 35	Himmelsrichtungs-Mandala 54
Grip 35	Hand 63	Heithdraupnir 5	
Gripir 34	Handschuhe 60	Hel 26	Himmelsträger-Zwerge 32
Grissa 35	Hanf 45	Helblindi 20	
Groa 28	Hannar 32	Helgi 39	Hirsch 42
Grottintanna 35	Hantel-Symbol 55	Helgi Thorisson 79	Hjaltrimul 31

Hjortrimul 31
Hjötra 28
Hjuki 29
Hläwang 32
Hlebard 6
Hleidr 35
Hler 10
Hlidolf 32
Hlif 29
Hlifthursa 29
Hlin 29
Hlodyn 20
Hlödyn 20
Hloi 34
Hlöll 31
Hlora 35
Hnoss 29
Hochsitz 57
Hochsitzsäulen 57
Hoddraupnir 5
Hoddrofnir 5
Hödur 19
Hofund 19
Höggstari 32
Högni 16
Högni 39
höhere Mächte 36
Holmgang =>
Zweikampf 55
Holunder 45
Homöopathie 64
Honig 40
Honigtau 45
Hönir 18
Horn 57
Horn (Riesin) 35
Hörn 29
Hörn 35
Horn-Neb 35
Hornbori 32
Hraesvelgr 6
Hrafnhild 35

Hraudnir 6
Hraudungr 5
Hrede 29
Hreidmar 7
Hremsa 35
Hrimgerdr 28
Hrimgerdr 35
Hrimgrimnir 34
Hrimnir 34
Hrim-Riesen 34
Hrimthurs 34
Hringi 5
Hringvölnir 5
Hripstodr 34
Hrist 31
Hrist 29
Hrisungr 6
Hroarr 5
Hrod 35
Hrodwitnir 5
Hrodwitnir 43
Hrökkvir 6
Hrönn 35
Hrossthjofr 34
Hrotti 5
Hruga 28
Hrungnir 5
Hrungnir-Herz 67
Hryggda 35
Hyria 35
Hrym 34
Hrund 31
Hügelgrab 49
Hugin 40
Huhn 40
Huldar 28
Hund 43
Hundalfr 6
Hunding 16
Hvalr 6
Hvedra 35
Hvedrungr 16

Hymir 6
Hymnen an die Götter 80
Hyndla 26
Hypnose 64
Hyrrokkin 26
Idi 34
Idun 25
Igel 44
Illugi Grid-Ziehsohn 79
Ilmr 29
Ima 35
Imd 35
Imgerdr 35
Imr 6
Imsigul 34
Imth 35
In 20
Ingibjörg 29
Ingibiörg 31
Intuition 64
Inzest 51
Irmin 20
Irpa 29
Istwas 20
Itrek 5
Itreksjod 5
Itreksjod 20
Ividja 35
Iwaldi 5
Iwalt 5
Iwiedie 29
Jari 32
Jamtaland-Zwerg 7
Jarngerdr 28
Jarnglumra 35
Jarnhauss 6
Jarnnef 34
Jarnsaxa 28
Jarnvidja 35
Jenseits 49

Jenseitsbarke 49
Jenseitsberge 49
Jenseitsbrücke 49
Jenseitsfährmann 49
Jenseitsfluß 49
Jenseitsgrenzen-Landkarte 49
Jenseitshalle 49
Jenseitsinsel 49
Jenseitsleiter 49
Jenseitsmauer 49
Jenseitsreise 49
Jenseitstor 49
Jenseitstor-Gitter 49
Jenseitstor-Hund 49
Jenseitswächter 49
Jenseitswald 49
Jenseitswasser =>
Wasser 49
Jenseitsweg 49
Johanniskraut 45
Jokul 34
Jokul Eisenrücken 34
Jörd 23
Jomali 20
Jörmungandr 41
Jörmunrek 39
Jorunn 29
Jötunn 6
Jotunbjorn 6
Julnacht 54
Käfer 40
Kaldgrani 34
Kamille 45
Kampfmagie 64
Kannibalismus 55
Kara 31
Karabin 34
Kari 6
Katze 43
Kausalität 55
Keila 34

Keiler 42	**Lachanfall** 64	Luchs 43	Miötwitnir 32
Kenningar 75	Lachen 55	Lutr 34	Mjoll 34
Kerbel 45	Lachs 44	Lyngheid 35	Modgudr 29
Kessel 57	Landgeister 36	**Magni** 19	Modgudr 31
Keule 66	Lauch 45	Malseron 34	Modi 19
Kiebitz 40	Laufey 26	Mana 35	Modrädnir 32
Kili 32	Laurin 7	Managarm 43	Modsognir 7
Kisi 34	Laus 40	Mannus 20	Mögthrasir 6
Kiste 57	Leber 63	Mardalla 27	Moin 32
Kjallandi 6	Leib 63	Marder 43	Mökkurkjalfi 6
Kjallandi 35	Leidi 34	Margerdr 35	Molda 35
Klaufi 34	Leifi 6	Margerthur 35	Mona 20
Klee 45	Leifnir 6	Mangold 45	Mond 48
Kleima 35	Leikn 35	Mantel 67	Mondul 32
Knochen 67	Leimrute 66	Mantel der Nanna 67	Moosfrau von Saalfeld 32
Knoten 64	Leiter 49	Marnar 29	Moosleute von Arntschgereute 32
Kobolde 36	Leirvör 35	Märzviole 45	
Kol der Bucklige 39	Leopard 43	Maske => Helm	Mörn 35
Kolfrosta 28	Lerche 40	Maus 44	Möwe 40
Kolga 35	Lidskialf 20	Meer 49	Mühle 66
Kopf 63	Liebestrank 70	Meer der Zeit 55	Mundilfari 6
Kormoran 40	Liebeszauber 64	Meer-Menschen 36	Munin 40
Korn 45	Lif 39	Mehlbeere 45	Munnharpa 35
Körperteile 65	Lifthrasir 39	Mehltau 45	Münze 67
Köttr 34	Litr 6	Meili 9	Muspel 6
Kraftgütel => Gürtel	Litr 32	Meise 40	Muspelheim => Feuer 52
Krähe 40	Ljod 29	Menglöd 22	
Kraka 31	Ljota 35	Menja 28	Myrkrida 35
Kranich 40	Lodin 6	Menschenopfer 64	Myrkvid 49
Kräuter 45	Lodinfingra 35	Messer 66	**Nabbi** 32
Kreppvör 35	Lodur 16	Midgard 52	Nacktheit 60
Kriegerin 62	Lofar 7	Midgardschlange 41	Nadel 55
Kreuzblume 45	Lofn 29	Midi 6	Nägel 55
Kreuzkraut 45	Lofnheid 35	Midjungr 34	Naglfar 49
Krönung 64	Logi 34	Midwitnir 6	Nain 32
Kröte 44	Loki 16	Mimir 6	Nali 32
Kuckuck 40	Loni 32	Mist 31	Namensgebung 64
Kuril 6	Lopthoena 28	Mistel 45	Nanna 21
Kult 55	Lori 35	Mistkäfer 40	Nauma (Hel) 35
Kundalini 64	Loricus 6	Mittelpfeiler => Yggdrasil	Nar 32
Kwasir 20	Löwe 43		
Kyrmir 6	Löwenmäulchen 45	Mittsommer 54	Narfi 6

Nari Loki-Sohn 19	Nyi 32	Priester 60	Ringkampf 55
Nati 6	Nyr 32	Priesterin 58	Rist 31
Naudir 36	Nyrad 32	Prolog (Edda) 77	Robbe 44
Nebel 64	**Oddrun** 31	Prophezeiung 71	Rögnir 7
Nefia 35	Odin 13/14	Pukis 36	Rose 45
Nehalennia 29	Odr 20	**Rabe** 40	Röskva 37
Neri 30	Ofoti 5	Rad 67	rot 46
Neris Schwester 30	Öflugbarda 35	Radgrid 31	rota 31
Nerthus 28	Öflugbardi 6	Radvör 35	Rotkehlchen 40
Nepr 20	Ogautan 39	Ragnar Lodenhose 39	Rücken 63
Nessel 45	Ogladnir 6	Ragnarök 55	Rud 35
Netz 67	Ogn 35	Ran 27	Rudent 6
Neuentstehung aus den Knochen 55	Ohr 63	Randalin 31	Rudi 34
neun Heimdall-Mütter 35	Oin 7	Randgnid 31	Runa 35
	Olius 32	Randgrid 31	Runen 72
neun Schwestern 35	Ölwaldi 5	Rangbeinn 5	Runenkästchen von Auzon => Kiste
Niblung 7	Omen 71	Rasereitrank 70	
Niblung 39	Onarr 48	Raswid 32	Runenstein 64
Nicor 34	Öndudr 6	Rätsel 76	Runenstein von Ardre 64
Nid 64	Onn 32	Raud 34	
Nidi 32	Opfer 64	Raugnir 34	Rußland-Riese 6
Nidr 28	Orakel 71	Raum 6	Rütze 35
Nidud 16	Oregano 45	Reck 32	Rygi 35
Nieswurz 45	Ori 32	Regenbogenbrücke 49	**Saemdill** 6
Niflheim => Eis 52	Örnir 6		Saga 28
Niping 32	Ortnit 34	Regin 7	Sährimnir 42
Nirdir 10	Ösgrui 5	Reginleif 31	Säkarsmuli 6
Niola 48	Öskrudr 34	Reiher 40	Salbei 45
Njola 48	Ostara 29	Rentier 42	Salfangr 6
Njörd 10	Osten 54	Riesen auf der West-Insel 6	Sam 34
Njörun 29	Otr 32		Sämingr 39
Nölvi 10	Otter 44	Riesen-Baumeister 6	Sanngrid 31
Norden 54	Otunfaxe 39	Riesen von Feldkirchen 34	Sati 51
Nordosten 54	**Penis** 55		Säule => Weltenbaum 52
Nordri 32	Perchta 28	Riesen von Lichtenberg 35	
Nordwesten 54	persönliches Glück 64		Saxnot 20
Nori 32	Pfeil 66	Rifingalfa 35	Sceaf 20
Nornen 30	Pferd 42	Rifingöflu 35	Schachtelhalm 45
Norr 34	Pferdezwillinge 12	Rigingöflu 35	Schädelschale 63
Norr 48	Pflug 67	Rind 42	Schadenszauber 64
Nott 48	Phol 9	Rindr 20	Schaf 42
	Polygamie 55	Ring 57	Schafgarbe 45

Schaumkraut 45
Schierling 45
Schild 66
Schlafdorn 55
Schlangen 41
Schlangenauge 63
Schlangengrube 49
Schlangenzunge 63
Schleifstein => Wetzstein
Schmetterling 40
Schmied 4
Schmied 55
Schnecke 44
Schneeweiß-Goldschöne 28
Schuh 63
Schutzgeist => Fylgja/Hamingja
Schutzzauber 64
Schwalbe 40
Schwan 40
Schwanenkleider der Walküren 40
Schweden-Riese 6
Schwein 42
Schwert 66
Schwitzhütte 64
sechsköpfiger Riese 6
Seehund 44
Seekuh 44
Seelenvogel 40
Seelenvogel 50
Segen 68
Seher 60
Seherin 58
Seidelbast 45
Seidr 64
Sel 6
seltsamer dritter Bruder 55
Sense 67

Siar 32
Sichel => Sense
sieben Schwestern 28
Siegfried 38
Sieglind 31
Siegstein 67
Sif 24
Sigdrifa 31
Sigurd 38
Sigi 39
Sigrlami 39
Sigrun 31
Sigyn 28
silbern 46
Simul 31
Sinmara 28
Sindri 32
Sinthgunt 29
Sivör 35
Sjuld 31
Skadi 20
Skafid 32
Skalden 61
Skaldatal 77
Skaldenlieder 78
Skaldinnen 61
Skalli 34
Skalmöld 31
Skadskaparmal 77
Skärir 5
Skeggiöld 31
Skidbladnir 49
Skimsli 5
Skirnir 37
Skirkjar 35
Skirwir 32
Skjalf 29
Skjalv 34
Skjellinefja 29
Skjöldr 39
Skögul 31
Sköll 43

Skorpion 40
Skrati 34
Skrymir 5
Skrimnir 5
Skuld 30
Slagfid 39
Sleggja 35
Snae 34
Snotra 29
Solbiart 5
Solblindi 5
Sölfn 29
Sohn der Freya 19
Sohn des Freyr 19
Sommer 54
Somr 5
Sonne 48
Sonnengöttin 48
Sonnenhymne 64
sonstige Magie 64
Sörli 39
Spatz 40
Specht 40
Speer 66
Sperber 40
sprechende Tiere 41
Sprichworte 74
Spindel 55
Spinnerin 55
Spiritus familiaris 36
Sprettingr 5
Stab 67
Starkad 6
Starkad 39
Stärketrank 70
Statue 57
Stein 64
Steine und Edelsteine 64
Steinigung 55
Stern 48
Sternbild 48

Sternbild 55
Stigandi 5
Storch 40
Storkvid 34
Stoverkr 34
Strahlen-Breitsame 45
Strudel 49
Struthan 34
Stumi 5
stumm 63
Süden 54
Südosten 54
Sudri 32
Südwesten 54
Surtur 6
Suttung 6
Svada 5
Svadi 5
Svaf 7
Svarangr 5
Svasudr 6
Svatr 6
Sveid 31
Sveipinfalda 35
Svidi 6
Svip 5
Svipul 31
Svivör 31
Swaf 20
Swanhild 31
Swanwit 31
Swawa 31
Swior 32
Swipdag 20
Syn 29
Syr 29
Tafl 57
Tal 52
Tamfana 29
Tarn-Kappe 67
Tarn-Umhang 67

Tasche 60	Thrungva 29	Uri 20	- in Fuchs 65
Tätowierungen 55	Thrym 6	Utgard 52	- in Geier 65
Tattoo 60	Thulur 77	Utgardloki 6	- in Habicht 65
Tau 52	Thundr 6	Ungeheur 41	- in Hecht 65
Taufe 64	Thundr 29	Utiseta 50	- in Hirsch 65
Teer 45	Thurbiörd 35	**Vagnhöftdi** 34	- in Hund 65
Telemark-Riese 5	Tiere 44	Valbrandur 5	- in Krähe 65
Telepathie 64	Tiere der Götter 44	Vali Loki-Sohn 19	- in Lachs 65
Teller 57	Tierfelle 60	Valthögn 31	- in Löwe 65
Tempel 56	Tierfelle bei Hinrichtungen 67	Vandil 5	- in Mücke 65
Teufelsabbiß 45	Tor 49	Vandlir 5	- in Otter 65
Thagnar 31	Torfa 35	Var 29	- in Pferd 65
Theck 32	Tote wiederbeleben 64	Vardrun 28	- in Rabe 65
Thialfi 37	Tragestange 67	Vardrun 35	- in Rind 65
Thiazi 5	Trana 35	Vardruna 35	- in Robbe 65
Thing 73	Traum 71	Vasad 6	- in Schlange 65
Thiodwitnir 34	Traumdeutung 71	Vatermord 55	- in Schwalbe 65
Thistilbardi 34	Traumfrau 31	Velle 5	- in Schwan 65
Thjodrerir 7	Trima 31	Venus 48	- in Seekuh 65
Thögn 31	Trolle 36	Verbene 45	- in Spinne 65
Thökk 35	Trona 35	Verdandi 30	- in Tier 65
Thor 17	Tuch 57	Vervielfältigung von Körperteilen 65	- in Vogel 65
Thora 28	Tuisto 20	Vergessenheitstrank 70	- in Wal 65
Thorgerdr Hölgabrudr 29	Tuisto 33	Verirren auf der Hirschjagd 55	- in Walroß 65
Thorin 7	Turm 56	Verr 34	- in Widder 65
Thorir 6	Tyr 3	Verwandlung:	- in Wolf 65
Thorn 5	Tyr-Riesen 5	- einer Frau in einen Mann 65	- in Ziege 65
Thorstein Haus-Macht 79	**Udr** 35	- einer Frau in eine andere Frau 65	- in Ziegenbock 65
Thrain 32	Uffe 39	- eines Mannes in eine Frau 65	Vidblindi 5
Thrasir 6	Ulfhedinn 62	- in Adler 65	Viddi 34
Thrigeitir 5	Ulfrun 35	- in Bär 65	Vidgreipr 34
Thrivaldi 5	Ullr 11	- in Drache 65	Vidgymir 5
Thröng 29	Umhang => Mantel 60	- in Eber 65	vier Riesen-Ritter 34
Thror 7	Uni 20	- in Falke 65	vier Stier-Riesen 34
Thror 20	Unn 35	- in Fliege 65	viertüriges Haus 52
Thror 32	Unsichtbarkeit 64	- in Floh 65	Vifflöd 29
Thorri 34	Unsichtbarkeits-Stein 67		Vignir 34
Thrud 31	Urd 30		Vikarr 6
Thrudgelmir 5			Vilja 20
Thrudr 29			Vindr 34
			Vingnir 6
			Vingrip 34

Vipar 34
Vogel 40
Vogelsprache 64
Volkrast 7
Vör 29
Vörnir 34
Vulkan-Riese 34
Waage 64
Waberlohe 49
Wächter 49
Wafthrudnir 6
Wagen 67
Wagnhofde 6
Wal 44
Wälder => Weltenbaum 52
Wald-Riesin 35
Wali 19
Wali 32
Walküren 31
Walnuß 45
Walroß 44
Waltam 20
Wandteppich => Tempel
Wanen 36
Warkald 6
Warr 20
Wasser 52
We 20
Weberin 55
Wegdrasil 20
Wegerich 45
Wegetritt 45

Wegwarte 45
Weig 32
Weihung => Segen
Weinen 55
weiß 46
Weisheiten 74
Weisheitstrank 70
Weißstern 39
Weltenbaum 53
Weltesche 53
Wespe 40
Westen 54
Westri 32
Wetter 64
Wettlauf 55
Wetttrinken 55
Wetzstein 67
Wichte 36
Widar 19
Widfinnr 5
Wiedergeburt 51
Wiederholungen 55
Wiederzeugung 51
Wieland 4
Wiesel 43
Wig 32
Wigrid 55
Wili 20
Wili (Zwerg) 32
Wind (Magie) 64
Wind 52
Windalf 32
Windloni 6
Windswal 6

Winter 54
Winteranfang 54
Wirwir 32
Witr 32
Witwen-Selbstmord 51
Wolf 43
Wolfsfell 62
Wortschatz Magie 64
Wohlstandszauber 64
Wucherblume 45
Wurzel 45
Wyrd 30
Yggdrasil 53
Ymir 33
Ymis 33
Yngvi 32
Zahlen 47
Zähne 63
Zauberer 59
Zauberin 58
Zaubersprüche 68
Zeh 63
Ziegen 42
Zisa 29
Zunge 63
Zweikampf 73
zweiköpfige Riesen 34
zwei Zwerge 32
Zwerg auf dem Felsen 32
Zwergberg zu Aachen 32

Zwerge 32
Zwerge:
- im Berg 32
- im Gebirge 32
- Kuttenberg 32
- Untersberg 32
- Blankenburg 32
- Bonikau 32
- Dardesheim 32
- Eilenburg 32
- Elbogen 32
- Glaß 32
- Hohenstein 32
- Heilingsfelsen 32
- Nünberg 32
- Osenberg 32
- Plesse 32
- Rosenberg 32
- Selbitz 32
- Sion 32
Zwerg:
- Gebirge 32
- Kyffhäuser 32
- Hohenstein 32
- Dresden 32
- Hoia 32
- Lützen 32
- Ralligen 32
- Rantzau 32
- Scherfenberg 32
- Thorgau 32
Zwillinge 55

Lightning Source UK Ltd.
Milton Keynes UK
UKHW030623010322
399388UK00008B/490